"一带一路"系列丛书

国家出版基金项目
NATIONAL PUBLICATION FOUNDATION

高校主题出版
GAOXIAO ZHUTI CHUBAN

"一带一路"
国别概览

斯洛文尼亚

李向阳　总主编

王春岩　董玮　尚宇红　编著　　张宪一　审定

大连海事大学出版社

ⓒ 王春岩　董玮　尚宇红　2018

图书在版编目(CIP)数据

斯洛文尼亚 / 王春岩，董玮，尚宇红编著. — 大连：大连海事大学出版社，2018.9
("一带一路"国别概览 / 李向阳总主编)
国家出版基金项目
ISBN 978-7-5632-3703-6

Ⅰ. ①斯… Ⅱ. ①王… ②董… ③尚… Ⅲ. ①斯洛文尼亚—概况 Ⅳ. ①K955.54

中国版本图书馆CIP数据核字(2018)第221298号

大连海事大学出版社出版

地址：大连市凌海路1号　邮编：116026　电话：0411-84728394　传真：0411-84727996
http://www.dmupress.com　E-mail:cbs@dmupress.com

大连海大印刷有限公司印装　　　　　　　　　　　大连海事大学出版社发行

2018年9月第1版　　　　　　　　　　　　　2018年9月第1次印刷
幅面尺寸:155 mm×235 mm　　　　　　　　　印数:1～3000册
印张:9.5　　　　　　　　　　　　　　　　字数:144千

出　版　人：徐华东　　　　　　　　　　　　项目策划：徐华东
责任编辑：张　华　　　　　　　　　　　　　责任校对：刘长影
　　　　　　　　装帧设计：孟　冀　解瑶瑶　张爱妮

ISBN 978-7-5632-3703-6　　　　　　　　　　　　　　　定价：48.00元

"一带一路"国别概览

丛书编委会

▶ 主　任　李向阳

▶ 副主任　徐华东　李绍先　郑清典　李英健

▶ 委　员　李珍刚　姜振军　张淑兰
　　　　　尚宇红　黄民兴　唐志超
　　　　　滕成达　林晓阳　杨　淼

总序

  2013年秋，国家主席习近平在哈萨克斯坦和印度尼西亚出访期间，先后提出共建"丝绸之路经济带"和"21世纪海上丝绸之路"的倡议，倡导共商、共建、共享理念，得到国际社会广泛关注和积极响应。"一带一路"倡议旨在积极发展与沿线国家的经济合作伙伴关系，共同打造政治互信、经济融合、文化包容的利益共同体、命运共同体和责任共同体。

  "一带一路"倡议源自中国，更属于世界，它面向全球、陆海兼具、目的明确、路径清晰、参与方众、反响热烈。五年间，"一带一路"倡议从理念转化为行动，从愿景转变为现实，在顶层设计、政策沟通、设施联通、贸易畅通、资金融通、民心相通等方面都取得了显著的成果，为实现世界共同发展繁荣注入推动力量、增添不竭动力。目前，我国已与100多个国家和国际组织签署了共建"一带一路"合作文件。共建"一带一路"倡议及其核心理念被纳入联合国、二十国集团、亚太经合组织、上合组织等重要国际组织成果文件。

  "一带一路"沿线国家地理地貌、风俗人情、经济发展、投资环境各不相同，极有必要对其进行系统的介绍和分析。此外，目前针对"一带一路"沿线国家的研究仍不够深入，缺少系统、整体的研究资料。大连海事大学出版社组织策划的"'一带一路'国别概览"丛书（首批65卷）适逢"一带一路"倡议提出五年后下一个阶段深入推进的需要之时，也填补了国内系统地介绍"一带一路"沿线国家国情的学术专著的空白，获得了国家出版基金项目资助，并入选教育部全国高校出版社主题出版选题。

  "'一带一路'国别概览"丛书（首批65卷）联合中国社会科学院、北京大学、山东大学、宁夏大学、广西民族大学、上海对外经贸大学、黑龙江大学等多家高校及研究机构编写，并组织驻"一带一路"沿线65个国家的前大使对相关书稿进行审定。本套丛书不仅涵盖了各国地理、简史、政治、军事、文化、社会、外交、经济等方面的内容，突出了各国与丝绸之路或海上丝绸之路的历史渊源，力争为读者提供全景式的国情介绍，还从"一带一路"政策出发，引用实际案例详细阐述了中国与各国贸易情况及各国的投资环境，旨在为"一带一路"的推进提供强大的智力支持，加快科技成果转化，促进合作人才培养，帮助我国"走出去"的企业有效地防控风险，从而全方位地助推"一带一路"建设。

"'一带一路'国别概览"丛书（首批65卷）的顺利出版得益于大连海事大学出版社的精心策划和组织，也凝聚着百余位相关领域专家学者的心血，在此深表感谢。

国家主席习近平曾深情地说："'一带一路'建设承载着我们对美好生活的向往，将把每个国家、每个百姓的梦想凝结为共同愿望，让理想变为现实，让人民幸福安康。"我们也希望本套丛书可以为"一带一路"建设架起一座沟通的桥梁，推动"一带一路"倡议在沿线国家向更深远和平稳的方向发展。

"'一带一路'国别概览"丛书编委会

2018年6月

前言

《"一带一路"国别概览斯洛文尼亚》主要介绍斯洛文尼亚国家的地理、简史、政治、军事、文化、社会、外交、经济及对外经济关系概况，共九个章节。

斯洛文尼亚位于阿尔卑斯山山脚，有着悠久的历史、迷人的文化和美丽的自然风光。斯洛文尼亚是中东欧国家中经济发展最好的国家之一。作为欧洲的小国，斯洛文尼亚在历史发展过程中饱受周围大国的影响。斯洛文尼亚处于东西欧走廊地带，由于受到边缘大国的各种影响，文化中同时流淌着这些国家的血液。在写作过程中，我们对文学艺术和社会发展章节感触颇深，由于语言的限制，斯洛文尼亚的文学大师和电影大师并不曾被世人广泛了解和欣赏，但他们对该民族统一意识的觉醒和国家建立所做的贡献，让我们驻足观赏，叹为观止。我国对斯洛文尼亚的研究和介绍很少，现有的研究集中在该国转型前后的政治制度和经济制度方面，对该国文化、历史、社会基本情况的介绍屈指可数。该书将有助于增进中国对斯洛文尼亚的全面了解，推进"一带一路"建设工作。在本书编写过程中对文学艺术、社会状况和经贸发展的介绍都体现了这一目的。

全书共9个章节，其中第一章和第二章由董玮执笔；第三章到第八章由王春岩执笔；第九章由尚宇红执笔。在每个章节中，对数据的收集力求客观准确；同时增加了相当一部分作者最新的研究成果，比如，在对外经贸、历史发展、文学艺术、国家文化等，都有对该国的特征描述、分析和发展预测。

由于编者水平有限，不足之处在所难免，敬请广大读者批评指正。

编 者

2018年6月

目 录

第一章 地理 ··· 1
  第一节 地理位置 ·· 1
  第二节 气候 ··· 1
  第三节 地势、地貌和地质 ······································· 2
  第四节 水文 ··· 3
  第五节 自然资源 ·· 4
  第六节 行政区划及主要城市 ··································· 6

第二章 简史 ··· 8
  第一节 古代历史 ·· 8
  第二节 近代历史 ·· 11
  第三节 现代历史 ·· 12

第三章 政治 ··· 14
  第一节 国家标志 ·· 14
  第二节 宪法 ··· 15
  第三节 政党 ··· 16
  第四节 议会 ··· 17
  第五节 总统 ··· 19
  第六节 政府 ··· 21
  第七节 司法机关 ·· 22

第四章 军事 ··· 23
  第一节 概述 ··· 23
  第二节 军种与兵种 ·· 26
  第三节 军事改革与军事训练 ································· 28
  第四节 军事工作与军事合作 ································· 28

第五章 文化 ··· 30
  第一节 语言文字 ·· 30
  第二节 文学 ··· 30

第三节　艺术 …………………………………………… 39
第六章　社会 …………………………………………………… 51
　　第一节　人口与民族 …………………………………… 51
　　第二节　宗教 …………………………………………… 52
　　第三节　传统风俗 ……………………………………… 52
　　第四节　节假日 ………………………………………… 68
　　第五节　饮食习惯 ……………………………………… 70
　　第六节　教育 …………………………………………… 71
　　第七节　新闻媒体 ……………………………………… 83
　　第八节　社会保障 ……………………………………… 83
第七章　外交 …………………………………………………… 86
　　第一节　外交政策 ……………………………………… 86
　　第二节　对外关系 ……………………………………… 89
第八章　经济 …………………………………………………… 96
　　第一节　概述 …………………………………………… 96
　　第二节　农业 …………………………………………… 106
　　第三节　工业 …………………………………………… 108
　　第四节　建筑业 ………………………………………… 110
　　第五节　旅游业 ………………………………………… 111
　　第六节　交通物流 ……………………………………… 113
　　第七节　商业与服务业 ………………………………… 114
　　第八节　信息技术产业 ………………………………… 118
第九章　对外经济关系 ………………………………………… 120
　　第一节　对外经济目标与政策 ………………………… 120
　　第二节　对外贸易发展 ………………………………… 124
　　第三节　中国-斯洛文尼亚双边贸易关系 …………… 134
参考文献 ………………………………………………………… 140

第一章 地理

第一节 地理位置

斯洛文尼亚共和国（The Republic of Slovenia），简称"斯洛文尼亚"，位于欧洲中南部，巴尔干半岛西北端，地处阿尔卑斯山和亚得里亚海之间。

斯洛文尼亚西接意大利，北邻奥地利和匈牙利，东部和南部与克罗地亚接壤，西南濒亚得里亚海。斯洛文尼亚边境线总长达1 370千米，海岸线长46.6千米。

斯洛文尼亚国土面积为20 273平方千米。卢布尔雅那是国家首都及最大城市。

第二节 气候

斯洛文尼亚气候多样，总体温和凉爽。夏季平均气温21.3 ℃，冬季平均气温-0.6 ℃，年平均气温10.7 ℃，年平均日照时间约为2 000小时。年平均降水量在东南部地区为800毫米，中部地区为1 400毫米，阿尔卑斯山区为3 500毫米，沿海地区为1 000毫米。

由于地形的差别，斯洛文尼亚各地的气候各不相同，可分为大陆性气候、地中海式气候和山地气候。

1. 大陆性气候

斯洛文尼亚大部分地区属于温带大陆性气候，冬季最冷月份平均气温在0 ℃以下，漫长而寒冷；夏天相对短暂且炎热；春秋两季温和但短暂，各地因所处地理位置不同而有所差别。

2. 地中海式气候

斯洛文尼亚的沿海地带属于地中海式气候。受海洋的影响，这里冬无严寒，夏无酷暑。日平均气温一般都在0 ℃以上。亚得里亚海是其湿度的主要来源，但由于潮湿的气流越过较低的沿海地带，沿着山脉继续向上运动，水蒸气冷却凝结变成雨水在山区降下，因此沿海地区的降雨量不如山区和中部地区多。这里有时会刮大风，其中大风——"布拉"风力强劲，风速可达每秒45米。

3. 山地气候

阿尔卑斯山脉的山地和盆地，以及迪纳拉高原的某些地区，具有典型的山地气候特征。这里冬季漫长而寒冷，夏季短暂而凉爽。全年气温低于其他地区，降水量大，是斯洛文尼亚降水最多的地区。

第三节　地势、地貌和地质

斯洛文尼亚国家虽小，但地形非常复杂。这里有峻峭的山脉、奇特的溶洞、圆润的山丘和广阔的盆地和平原。此外，这里还有美丽的湖泊、大片的森林以及蔚蓝的大海。全部国土按照地理特征可以分为四部分：西北部的阿尔卑斯山区，西南部的亚得里亚海沿海地区，中南部的迪纳拉喀斯特地区，东北部的潘诺尼亚平原地区。一个约两万平方千米的狭小地域，拥有如此丰富多样的地质、地势和地貌，且东西南北、地上地下反差变化如此之大，在世界上并不多见。

斯洛文尼亚是一个绿色国家，全国有百分之六十的面积为森林所覆盖，其森林覆盖率在欧洲各国中位列第三，仅排在芬兰和瑞典之后。

斯洛文尼亚有三条东西走向的山脉，约占国土面积的百分之十：尤利安阿尔卑斯山脉、卡拉万克山脉和卡姆尼克-萨维尼亚阿尔卑斯山脉。斯洛文尼亚的最高峰——特里格拉夫峰位于尤利安阿尔卑斯山脉，海拔2 863米。

斯洛文尼亚可谓喀斯特之国，"喀斯特"一词出自斯洛文尼亚西部的石灰岩高原名称（Kras）。该国百分之四十四的国土被石灰岩覆盖，属于典型的喀斯特地貌，其中包括阿尔卑斯山脉。在水的不断作用下，其山体形成了众多悬崖、深谷和溶洞。斯洛文尼亚有数千个溶洞，主要集中在其南部地区，最深者可达数千米。溶洞中最著名的是波斯托伊纳溶洞、什科茨扬溶洞等。其中，波斯托伊纳溶洞最为经典，从13世纪就开始接待游客了。它全长20多千米，深入地下200米，洞内最大洞穴高45米，洞内地形变幻莫测，石钟乳、石笋等分布其间，千姿百态。现在每年都在波斯托伊纳溶洞举办夏季音乐会。2012年中央电视台纪录频道播出"魅力系列"纪录片之《魅力斯洛文尼亚》，第一集《大地深处的乐章》对波斯托伊纳溶洞这片美丽神奇的地下世界做了专题介绍。什科茨扬溶洞是斯洛文尼亚境内最重要的地下景观。基于其特殊的重要性，联合国教科文组织于1986年将什科茨扬溶洞列入世界遗产名录。

第四节　水文

1. 河流

斯洛文尼亚的水资源丰富，其人均拥有的淡水量在欧盟各国中排名第三。斯洛文尼亚的河流属于黑海流域和亚得里亚海流域，其主要河流有萨瓦河、德拉瓦河、穆拉河、索查河、雷卡河等。萨瓦河、德拉瓦河、穆拉河是多瑙河的支流，属于黑海流域；索查河、雷卡河属于亚得里亚海流域。

萨瓦河是斯洛文尼亚境内最长的河流，全长947千米，在斯洛文尼亚境内为221千米，流域面积10 724平方千米。德拉瓦河是斯洛文尼亚境内的第二大河流，全长707千米，在斯洛文尼亚境内142千米，流域面积3 259平方千米。德拉瓦河是典型的山地河流，全年水量丰沛。穆拉河全长438千米，在斯洛文尼亚境内95千米，流域面积1 375平方千米。索查河全长138千米，在斯洛文尼亚境内96千米，流域面积1 549平方千米。雷卡河则以地下河著称，流经著名的什科茨扬溶洞。

2. 湖泊

斯洛文尼亚著名的冰川湖有博希尼湖和布莱德湖等，地处阿尔卑斯山南麓。博希尼湖是斯洛文尼亚最大的冰川湖；布莱德湖则有"冰湖"之美誉，是斯洛文尼亚的著名旅游景点之一，被斯洛文尼亚著名诗人弗兰策·普列舍仁称作"天堂印象"。

采尔克尼察湖是斯洛文尼亚知名的季节性湖泊，或称间歇湖。当湖泊蓄满水时，湖面面积可达38平方千米，是斯洛文尼亚的第一大湖。该湖半年有水，秋季可垂钓，冬季可滑冰，而在夏季，由于湖水经许多落水洞流出，该湖会明显变小以至于干涸消失，剩下一个盆地可供割草。

此外，斯洛文尼亚还有许多人工湖。

第五节　自然资源

1. 矿物

斯洛文尼亚矿产资源不算丰富，主要有汞、煤、石油、铁、铅、锌等以及建筑用石料。

斯洛文尼亚的工业化进程较早，许多矿藏因长期开采已近枯竭。伊德里亚汞矿曾是世界第二大汞矿，汞的开采始于1490年，结束于20世纪90年代中期。2012年，伊德里亚汞矿旧址与位于西班牙的阿尔马登汞矿被列入联合国教科文组织世界遗产名录。

斯洛文尼亚的普雷克穆列地区有石油，第二次世界大战前曾是巴尔干地区第一大油田。西北的尤利安阿尔卑斯山区有少量铁矿；在克罗帕有古老的炼铁厂，在斯洛文尼亚工业化初期，这里的炼铁业曾非常活跃。在多莱尼斯卡地区的萨瓦河流域是斯洛文尼亚的主要产煤区，北部的韦莱涅有褐煤矿，这里建有全国最大的火力发电站。斯洛文尼亚西部和北部山区的岩石提供了各种建筑用石料，其中以花岗岩最为著名。

斯洛文尼亚东部为平原地区，遍布地热和矿泉井，多用于疗养和矿泉水生产。

2. 植物

斯洛文尼亚的林木资源丰富，全国有百分之六十的面积为森林所覆盖，达116万余公顷，其森林覆盖率在欧洲各国中位列第三，仅排在芬兰和瑞典之后。斯洛文尼亚逾三分之一的国土被列入欧盟2000自然保护区内。特里格拉夫国家公园面积达838平方千米，是斯洛文尼亚最大的保护区。

斯洛文尼亚拥有多样的地貌特征和自然景观，其植物物种丰富。除森林、灌木丛和草地之外，还有大量人工培育的植物。

斯洛文尼亚的许多区域都适合种植葡萄树，全国的葡萄园面积达216平方千米。世界上最古老的葡萄藤，位于马里博尔德拉瓦河畔的一座老房子正面，它拥有长达400多年的历史。作为世界上最古老的葡萄藤，它已被载入《吉尼斯世界纪录大全》。此葡萄藤至今仍可结出果实，是全球葡萄藤中最古老的活标本。每年，当地的葡萄种植者都要为这株"老寿星"举行春季修枝仪式和秋季收获仪式。

3. 动物

斯洛文尼亚的森林里栖居着十分稀少和濒临灭绝的动物，如棕熊、猞猁、狼、松鸡、野鸡和野山羊等，这些动物都是受保护的动物。斯洛文尼亚丰富的森林资源为它们提供了生存空间。

斯洛文尼亚是许多鸟类的栖息地，同时也是候鸟的停留地。位于斯洛文尼亚西南部的瑟切乌列海盐场公园，是一处鸟类极为丰富的文化遗址，它不仅向人们展现了跨越几个世纪的制盐工艺，同时也是斯洛文尼亚最重要的观鸟区。这里栖息着各种各样在此筑巢和越冬的鸟类，其数量远超同类地区。该盐沼至今已确定的鸟类多达272种。斯洛文尼亚政府于2001年正式将瑟切乌列海盐场定为自然公园。

斯洛文尼亚的河流、湖泊和沿海水域是许多物种的栖息家园。斯洛文尼亚还是"洞穴生物学的摇篮"，有90种洞穴动物。其中在喀斯特溶洞内生长着一种无色的两栖脊椎动物，约25～30厘米长，名叫洞螈，寿命可达百年，被当地人称为"龙的后代"和"人鱼"。而索查鲑鱼生存在索查河及其支流中。

斯洛文尼亚是养蜂民族，有享誉世界的长达数百年的养蜂传统。目前斯洛文尼亚有14万个蜂群。位于斯洛文尼亚西北部的拉多夫利察，设有蜜蜂博物馆，在那里既可以欣赏颇具斯洛文尼亚民俗特色的蜂箱画，又能了解斯洛文尼亚的养蜂传统与文化。2015年4月，斯洛文尼亚养蜂协会率先发出倡议，提议将每年的5月20日定为世界蜜蜂日，后经"第四十四届国际蜂联国际养蜂大会暨博览会"讨论，决定接受斯洛文尼亚的建议，确定把每年的5月20日定为世界蜜蜂日。

位于斯洛文尼亚喀斯特地区的利比扎种马场，建于1580年，是世界上最古老的马场之一，也是世界闻名的白色利比扎马的繁育地。刚出生的利比扎马全身呈黑色、棕色或灰色，随着年龄的增长，它们的毛色逐渐变淡，到6岁左右，利比扎马则通体蜕变成绸缎般的白色。它们体态优雅，动作轻盈，早年为皇家坐骑，更是马术用马中的极品。斯洛文尼亚的硬币上也有利比扎马的图案。

第六节　行政区划及主要城市

1. 行政区划

斯洛文尼亚全国分为12个地区，共有212个市级行政单位。主要城市有卢布尔雅那、马里博尔、采列、克拉尼、韦莱涅、科佩尔、普图伊等。

2. 主要城市

（1）卢布尔雅那

卢布尔雅那是斯洛文尼亚的首都和政治、经济、文教中心，是全国最大的城市，也是人口最稠密的地区，人口28.8万（2017年10月）。卢布尔雅那地处斯洛文尼亚中部，位于萨瓦河上游，面积170平方千米。公元前1世纪，罗马人开始在此建城。公元6世纪，斯拉夫人将城市扩展至卢布尔雅那河，卢布尔雅那因而得名。从19世纪起，这里一直是民族运动的中心。受日耳曼文化的影响，城内古建筑带有明显的巴洛克风格，古城堡、龙桥、三桥、共和国广场和普列舍仁广场是该城市的标志性景点。

（2）马里博尔

马里博尔是斯洛文尼亚第二大城市，斯洛文尼亚东北部经济、文教中心和旅游城市，2012年欧洲文化之都。该城市地处交通要冲，始建于12世纪，德拉瓦河穿城而过。该地区是斯洛文尼亚主要葡萄种植区之一，拥有欧洲最大的古典酒窖和寿命长达400年的葡萄藤。

（3）采列

采列位于斯洛文尼亚东部，是全国第三大城市。该市曾是中世纪统治着当今斯洛文尼亚和克罗地亚的采列伯爵的驻地。采列古堡遗迹是斯洛文尼亚现存最大的古代城堡建筑。

（4）克拉尼

克拉尼位于斯洛文尼亚西北部，在萨瓦河与科卡河交汇处，是斯洛文尼亚第四大城市和重要的工业城市，有保存良好的中世纪街道和建筑。

（5）韦莱涅

韦莱涅位于斯洛文尼亚东北部，是第二次世界大战后兴建的新城，为全国第五大城市。该城市为家电生产基地和火力发电基地。

（6）科佩尔

科佩尔位于斯洛文尼亚西南部的亚得里亚海滨，是全国第六大城市和重要的港口城市，自16世纪开始繁荣。

（7）普图伊

普图伊位于斯洛文尼亚东北部的德拉瓦河之滨，是全国历史最悠久的城市，自石器时代就有人类居住，曾是凯尔特人的属地，在罗马帝国时期一度繁盛，保有数座中世纪建筑，包括防御设施、城墙、修道院和城堡等。

第二章 简史

第一节 古代历史

1. 斯洛文尼亚领土上的古代居民

在斯洛文尼亚境内发现的最早人类活动踪迹的证据是考古学家在奥雷赫克附近的一个洞穴里发现的两个石器，其年代可以追溯到约25万年前。1995年考古学家在伊德里亚山谷中发现的迪维·巴贝骨笛是另一项重要发现，该笛子是用熊的腿骨制成，长11.36厘米，笛身可见4个音孔，其中两个已残缺。据考证，这支骨笛距今已有至少4.5万年的历史，是当时的尼安德特人使用的乐器。在新石器时代和铜器时代，这一带地区的居民从事着畜牧业和农业生产，而在铜器时代向铁器时代过渡的时期，这里出现了骨灰瓮文化。公元前800—前600年期间，哈尔斯塔特文化盛行，农业获得发展并开始了铁器的制造，出现了工艺精美的铁器制品和铁制武器。这一时代的另一个显著特点是人们在山顶筑堡定居，但居民的种族属性尚无法确定。

2. 凯尔特王国和罗马帝国

公元前400—前300年期间，现今的斯洛文尼亚领土受凯尔特部落统治，并成立了第一个国家，名为"诺里克姆"。这个王国在斯洛文尼亚古代历史上留下了印迹，许多现在的地名和河流的名称就来源于这个时期，例如，博希尼、图希尼、萨瓦河、萨维尼亚河、德拉瓦河等。大约在公元前10年，诺里克姆王国被罗马帝国吞并。此后，罗马人在此地建起了一些城镇，如Emona（今卢布尔雅那）、Celeia（今采列）和Poetovia（今普图伊），还修建了从意大利到潘诺尼亚的贸易和军事通道。在罗马帝国的统治下，这里的人们被罗马化。

3. 第一个独立公国

公元5世纪至6世纪，这里受到了匈奴人及日耳曼部落的入侵。公元568年，最后一个日耳曼部落——伦巴第人从这里离开前往意大利后，斯拉夫人开始统治该地区，但斯拉夫人最初到达的时间尚无法确定。公元623—626年，为了抵御阿瓦尔人的进攻，斯拉夫人曾与萨莫大公的部落联盟。公元658年，联盟解体，斯拉夫人建立起了独立公国——卡兰塔尼亚。卡兰塔尼亚公国建立后，一直到1414年，这期间一直保持着一种独特的君主就位仪式，即君主就位前，必须穿着农民的服装在公众面前宣誓，表示要尊重人们的意志和权利并保卫他们，然后坐在君主宝座上的农民起身接受君主馈赠的马和牛，意为赎买君主的宝座。这种独特的古代民主的君主宣誓仪式在当时的欧洲是绝无仅有的。

4. 法兰克帝国的统治

8世纪中期，卡兰塔尼亚成为巴伐利亚的臣属公国，巴伐利亚开始向卡兰塔尼亚传播基督教。公元788年，卡兰塔尼亚和巴伐利亚由法兰克帝国统治。9世纪初，因卡兰塔尼亚大公等参加叛变，法兰克当局撤销了其大公职位，并任命自己的公爵担任大公。法兰克的封建制度开始在斯洛文尼亚的领土上传播。9世纪末，马加尔人入侵潘诺尼亚平原及部分斯洛文尼亚领土，使这里的斯拉夫人（被称为斯洛文尼亚人）与西部斯拉夫人隔离开来，孤立的卡兰塔尼亚和卡尔尼奥拉地区的斯拉夫人开始走上独立的斯洛文尼亚民族复兴之路。公元955年，奥托一世击败马加尔人后，斯洛文尼亚的领土被分成了若干个边区。公元976年，卡兰塔尼亚成为大卡兰塔尼亚。同期，基督教会出于在斯洛文尼亚居民中传教的需要，用斯洛文尼亚语书写了某些祈祷书，后来在斯洛文尼亚发现的公元10世纪左右的斯洛文尼亚语祈祷书便是证明。

5. 哈布斯堡王朝

14世纪，哈布斯堡王朝统治着斯洛文尼亚的大部分领土。1436年大封建主采列获得了"公国伯爵"的称号，使该地区有了独立公国的特点。1456年采列逝世，其庞大的财产都成为哈布斯堡王朝的财产。

公元11世纪至15世纪期间，由于受强大的日耳曼殖民化影响，斯洛文尼亚的领土缩小，仅比如今斯洛文尼亚民族所在的地区稍大一些。中世纪末期，公元15—16世纪，该地区受到土耳其入侵。由于缺乏对土耳其军队的有效防御，外加实行新税赋，尤其是收缴贡税和契约劳工，使农民不堪重负且心生不满，并举行了起义。1515年，爆发了大规模的农民起义，几乎席卷了全国上下。1572年至1573年，斯洛文尼亚和克罗地亚农民联合发动起义。农民起义一直持续到18世纪上半叶，其间尽管有过几次的短暂胜利，但还是以失败告终。

6. 民族复兴

公元16世纪中期，新教改革思想在斯洛文尼亚得以传播，这也为斯洛文尼亚语的诞生奠定了基础。普里莫斯·特鲁巴尔是斯洛文尼亚文学的创始人，也是一位基督教新教牧师，由他所著的两本书——《拼写手册》和《教义问答》——将斯洛文尼亚语变成了一种文学语言。特鲁巴尔在书中首次写下了"斯洛文尼亚人"这一词汇。新教徒们用斯洛文尼亚语出版的书籍超过50本，其中包括第一本斯洛文尼亚语语法书以及由尤里·达尔马廷用斯洛文尼亚语翻译的全套圣经。17世纪初，由于君主专制统治及天主教的镇压，新教的改革运动受到打击，从而导致斯洛文尼亚文学在很长一段时间内发展受阻。

奥皇约瑟夫二世执政期间（1765—1790），于公元1774年开设了用斯洛文尼亚语教学的小学义务教育，这与斯洛文尼亚知识分子所从事的各种语言文化活动一起，带来了斯洛文尼亚的民族复兴，为斯洛文尼亚民族的诞生奠定了基础。

拿破仑战争期间，拿破仑占领了斯洛文尼亚东南部的一些地区，并且组建了一个伊利里亚行省，首府设在卢布尔雅那。法国在其短暂的统治期间（1809—1813）改变了税收制度，改善了斯洛文尼亚语在学校的地位，然而却未能废除封建制度。

7. 奥匈二元君主制

斯洛文尼亚最伟大的诗人弗兰策·普列舍仁（1800—1849）对于维护斯洛文尼亚语言的统一做出了贡献。普列舍仁是浪漫主义诗歌的先驱，同时，他也是主张斯洛文尼亚民族独立的政治思想家，他号召斯洛文尼亚人为民族的自由和独立而斗争，这一愿望在他的诗歌中有所表现。他的诗作《祝酒歌》中的一段诗文后来被定为斯洛文尼亚共和国的国歌。

　　1848年3月至4月欧洲革命期间，斯洛文尼亚人提出了斯洛文尼亚民族首个政治纲领，被称为《统一斯洛文尼亚纲领》，要求把所有斯洛文尼亚人居住的各地区统一成一个斯洛文尼亚，斯洛文尼亚语为其官方语言。这个地区享有自治权，并成立地区议会。

　　1867年，奥匈二元君主制建立，现今斯洛文尼亚领土的大部分仍属奥地利管辖，但穆拉河流域的波穆列地区则归属了匈牙利，而居住在威尼托的斯洛文尼亚人则于1866年归属于意大利。在接下来的60年里，统一斯洛文尼亚成为斯洛文尼亚民族政治运动的主题思想。

第二节　近代历史

1. 斯洛文尼亚人、克罗地亚人和塞尔维亚人国

　　第一次世界大战期间，斯洛文尼亚人员伤亡惨重，其西部沿索查河区域受损严重。1915年《伦敦条约》签订更是让斯洛文尼亚的领土面临着被分割的威胁。1917年，斯洛文尼亚、克罗地亚和塞尔维亚的代表在维也纳议会上发表了《五月宣言》，要求在哈布斯堡君主国内的斯洛文尼亚人、克罗地亚人和塞尔维亚人居住的地区，在民主的基础上建立一个自治的国家。

　　尽管哈布斯堡君主国当局对此宣言并不赞成，但这一宣言得到了全民运动的支持。1918年10月29日，宣布独立的斯洛文尼亚人、克罗地亚人和塞尔维亚人国成立，首都设在萨格勒布；后又与塞尔维亚王国联合，于1918年12月1日成立了"塞尔维亚-克罗地亚-斯洛文尼亚王国"；1929年更名为"南斯拉夫王国"。

　　1920年的一次全民投票后，斯洛文尼亚在卡林西亚的大部分地区被奥地利兼并，统一斯洛文尼亚的梦想随之破灭。在南斯拉夫王国内，尽管实行了中央集权制，但斯洛文尼亚实行民族自治，并避免了贝尔格莱德当局的破坏，使斯洛文尼亚的经济和文化获得发展。然而，当时斯洛文尼亚的两大政党——人民党和自由党之间却进行了激烈的对抗和斗争。

2. 南斯拉夫联邦国家建立

第二次世界大战期间，南斯拉夫王国解体，斯洛文尼亚的领土被德国、意大利和匈牙利瓜分。1941年，斯洛文尼亚民族的解放阵线在卢布尔雅那成立，并且开始了反对占领者的武装起义，共产党在解放阵线中发挥了领导作用，为解放斯洛文尼亚人民，建立自由统一的斯洛文尼亚而斗争。斯洛文尼亚游击军解放了斯洛文尼亚的全部领土。1943年在亚伊采举行的南斯拉夫反法西斯人民解放委员会的大会上，决定建立包括塞尔维亚、克罗地亚、斯洛文尼亚、马其顿、黑山等在内的新南斯拉夫。1945年，南斯拉夫联邦人民共和国成立。斯洛文尼亚作为其组成部分，更名为斯洛文尼亚人民共和国。1947年，所有的私有财产实行了国有化。1948年，南斯拉夫与苏联发生了冲突，南斯拉夫共产党在推行公有制和自治的基础上，开始探索建设社会主义的新途径。1963年，南斯拉夫联邦人民共和国更名为南斯拉夫社会主义联邦共和国。

20世纪50年代，斯洛文尼亚经济发展迅速。1965年、1966年南斯拉夫实行经济改革之后，斯洛文尼亚经济市场化进程加快，成为南斯拉夫经济最发达的共和国。到20世纪80年代末，斯洛文尼亚的社会产值和国民收入已为全国平均水平的2.5倍，这大大增强了斯洛文尼亚人民的民族自信心。

第三节　现代历史

1980年，铁托逝世后，南斯拉夫联邦结构松散的问题迅速暴露，各地方共和国开始各自为政，把联邦架空，国家陷入经济危机，民族矛盾激化，后发展为政治危机和社会动荡。

1987年，一些知识分子在《新观察》杂志第57版上发表了要求实现斯洛文尼亚独立的文章。1988年、1989年出现了第一批反对党。1989年5月，斯洛文尼亚反对派发表宣言，要求建立主权的斯洛文尼亚国家。1990年，在就斯洛文尼亚共和国独立问题举行的全民公决上，赞成独立的选民人数超过了88%。1991年6月25日，斯洛文尼亚共和国正式宣布独立。6月27日，南斯拉夫人民军开始攻击斯洛文尼亚。这次武装冲突共经历了10天时间，7月7日，在签署了《布里俄尼宣言》后，各方停战，斯洛文尼亚推迟3个月独立。1991年10月，南斯拉夫人民军从斯洛文尼亚领土上撤出。1991年12月，斯洛文尼亚议会通过了《斯洛文尼亚共和国宪法》。该宪法规定，斯洛文尼亚共和国是民主的共和国，是法治的国家。

1992年1月，欧盟正式宣布承认斯洛文尼亚独立，1992年5月，联合国接受斯洛文尼亚为正式成员国。2004年3月，斯洛文尼亚加入北约；2004年5月加入欧盟；2007年1月1日加入欧元区；2007年12月21日加入欧洲申根区；2008年上半年担任欧盟轮值主席国；2010年加入经济合作与发展组织；2015年，第七十届联合国大会改选联合国人权理事会成员，斯洛文尼亚成功获选，任期自2016年至2018年。

第三章 政治

第一节 国家标志

1. 国名

斯洛文尼亚共和国,英文为 The Republic of Slovenia,中文简称斯洛文尼亚。

2. 国旗

斯洛文尼亚共和国国旗由三个平行相等的横长方形组成,自上而下分别为白、蓝、红三色。旗面左上方绘有国徽。斯洛文尼亚于1991年宣布独立后,通过了新宪法并确定了现在的国旗图案。

3. 国徽

斯洛文尼亚国徽是一枚镶有红边的蓝色盾徽,盾面为蓝色,上部有三枚黄色的六角星,下边是白、蓝相间的波纹,中间为三座白色山峰,象征该国最高峰——海拔2 863米的特里格拉夫峰。特里格拉夫峰是斯洛文尼亚国内最高峰，是斯洛文尼亚的象征。山峰下两道蓝色波状条纹代表着国内的河流和亚得里亚海。蓝色的天幕上，三颗六角星熠熠发光，是对斯洛文尼亚中世纪贵族采列伯爵家族的致敬。国徽的设计师是斯洛文尼亚雕塑家马尔科·波加契尼克。

4. 国歌

《祝酒歌》是斯洛文尼亚国歌，由斯洛文尼亚的伟大诗人弗兰策·普列舍仁作词，斯坦科·皮里米尔作曲。歌词的中文大意是：受上帝所保佑各国，都为那光明不懈工作，那时世上居所，再没有战争和冲突折磨；长享有自由快活，没仇敌，只有好邻国！长享有自由快活，没仇敌，只有好邻国！在边疆只有好邻国！

第二节　宪法

1. 通过时间

《斯洛文尼亚共和国宪法》（以下简称《宪法》）是斯洛文尼亚的基本大法，是在1990年12月23日举行的全民公决和1991年6月25日斯洛文尼亚国民议会通过的《斯洛文尼亚共和国独立和主权的基本宪章》的基础上，于1991年12月23日经斯洛文尼亚国民议会通过后颁布并开始生效的。

2. 基本原则

斯洛文尼亚国民议会在1991年12月23日颁布的《宪法》前言中写道："鉴于《斯洛文尼亚共和国宪法》与《斯洛文尼亚共和国独立和主权的基本宪章》保持了一致，并承认我们斯洛文尼亚人创造的我们自己的民族特性和在保护人权和基本自由及斯洛文尼亚人民基本的和永恒的自决权的基础上获得的我们的国家地位，作为我们为我们的人民解放而进行的历史性的和数世纪长期斗争的结果，斯洛文尼亚共和国议会特此颁布《斯洛文尼亚共和国宪法》。"

《宪法》确立了立法、行政、司法三权分立原则，曾于1997年和2000年两次修宪。

3. 基本内容

《宪法》共十章174条，即：

（1）第一章 总则（第1~13条）；
（2）第二章 人权和基本自由（第14~65条）；
（3）第三章 经济和社会关系（第66~79条）；
（4）第四章 国家机构（第80~137条）；
（5）第五章 地方自治（第138~145条）；
（6）第六章 公共财政（第146~152条）；
（7）第七章 合宪性和合法性（第153~159条）；
（8）第八章 宪法法院（第160~167条）；
（9）第九章 修宪程序（第168~171条）；
（10）第十章 过渡性和结束条款（第172~174条）。

第三节　政党

斯洛文尼亚登记注册的政党共有83个（2015年）。其中，议会政党有：

1. 现代中间党

现代中间党（2015年3月之前叫采拉尔党）为执政党，成立于2014年6月，主张建立法治国家，提倡可持续发展，确保人的尊严，保障社会和经济安全，崇尚宽容、自由、相互尊重、互惠和团结。党主席为米罗·采拉尔（2014年6月当选）。该党于2014年7月首次参加议会大选即获得第一大党地位并受权于9月组成联合政府，采拉尔出任总理。2018年3月15日，采拉尔辞去总理职务议会大选于6月3日举行，目前为看守政府。

2. 斯洛文尼亚民主党

斯洛文尼亚民主党为在野党，前身为1989年2月16日成立的斯洛文尼亚社会民主协会，后更名为斯洛文尼亚社会民主党，2003年9月改为现名。其主张民主、自由、尊重人权，建立法治国家，强调法律面前人人平等；倡导相互尊重、社会团结；强调发展经济，认为经济增长是国家可持续繁荣的基础。党主席为雅奈兹·扬沙。

3. 斯洛文尼亚退休者民主党

斯洛文尼亚退休者民主党为执政党，成立于1991年5月。该党关注退休者阶层，强调保护人权、自由和尊严；建立法治和福利的国家；提倡建立社会、卫生安全体制；强调保护自然环境和人的良好生存环境。党主席为卡尔·埃里亚韦茨，现任副总理兼外长。

4. 社会民主人士党

社会民主人士党为执政党，成立于1993年5月29日，原名为社会民主人士联合名单，2005年改为现名。其倡导尊重人权和尊严，确保人的自由；主张发展经济，建立安全、平等、经济发展的社会；强调社会和国家法治；保护少数者权利。党的临时负责人为戴扬·日丹，现任副总理兼农业、林业和食品部部长。

5. 左翼联盟

左翼联盟为在野党，2014年3月1日成立，主张建立民主化的社会主义，制定确保人和自然可持续发展的社会和经济制度，力求社会各领域民主化的发展。党主席为卢卡·梅塞茨。

6. 新斯洛文尼亚基督教人民党

新斯洛文尼亚基督教人民党为在野党，前身为斯洛文尼亚基督教民主党。其成立于2000年8月，主张建立自由、法治的国家；认为健康、成功的经济和井然有序的城市和乡村是国家繁荣、人民幸福的最重要前提。党主席为柳德米拉·诺瓦克。

7. 布拉图舍克联盟

布拉图舍克联盟为在野党，成立于2014年5月，主张法律面前人人平等，确保法治和平等原则，建立法治国家，打击腐败；提倡可持续发展，认为人与人的团结是建立公正社会和成功发展市场经济的条件。党主席为阿琳卡·布拉图舍克。

第四节　议会

斯洛文尼亚形式上实行两院制，即国民议会和国民委员会，但两者规模和权限是不对称的。前者拥有西方各国议会通常拥有的一切职权，并主要由来自各党派的90名议员组成，通过直选产生，任期4年；后者则在西方体制中不多见，仅拥有建议和质询权，由来自社会各界、各阶层的40名代表组成，通过各方推举产生，任期5年。有学者称这一体制为"不完全的两院制"。

1. 国民议会

斯洛文尼亚首届国民议会成立于1992年12月6日，即原南斯拉夫时期选举的斯洛文尼亚共和国议会任满之后。该议会是国家最高权力机构和立法机构，拥有立法权、选举权、监督权和预算审批权。其主要职权如下：通过国家宪法和宪法修正案，审议批准国家预算和预算修正案，通过议会工作条例，通过国家决定、决议、宣言、全国性规划，批准国际协定，宣布举行全民公投，决定议员、法官、人权卫官的赦免，决定国家战争状态和紧急状态，决定动用国家武装力量。

根据斯洛文尼亚宪法，总统代表国家，是武装力量的最高统帅。在总统职位空缺的情况下，由议会主席代行总统职责，直至产生新的总统。总统签署议会选举令，宣布经议会通过的法律生效。总统向议会提名宪法法院法官和斯洛文尼亚法官理事会成员。如议会因紧急状态或战争无法召开会议，总统应政府要求主持通过法律文件。如总统违宪，议会可以向宪法法院起诉总统。宪法法院裁定总统是否违宪。如有三分之二的宪法法院法官投票确认总统违宪，则宪法法院有权撤销总统职务。议会选举、任命和解除议会主席和副主席、议会秘书长、议会委员会主席和副主席、政府总理及内阁部长、法官、人权卫官、央行行长、审计法院成员的职务。

议会行使下述监督权：确定议会调查案，决定对政府的信任案，决定对总统、总理和内阁部长的起诉，提出对议员的质询，提出针对总理、内阁部长和政府秘书长的相关动议。根据斯洛文尼亚法律规定，议会任期4年。每届议会任满前，由总统签署下届议会选举及选举日期令。议会选举委员会负责选举具体事宜。议会共有90个议席。议员以不记名投票的方式通过直选产生。议员候选人以政党推荐或征集选民签名方式产生，由议会选举委员会审查资格并登记。全国设若干大选区，每个大选区设若干投票站。公民凭选举证按指定时间到指定投票站投票。海外侨民持议会选举委员会邮寄的选举证投票。议会最终选举结果由议会选举委员会公布。得票率超过4%的政党进入议会。对议员改选比例和连选连任未做规定。

议会会议分为定期会议和特别会议两种形式。定期会议分别于每年的1月10日至7月15日和9月1日至12月20日举行，一般每月一次。召开特别会议须四分之一以上议员提议或总统提议。法律规定，政府、议员、国民委员会和5 000名以上公民团有权向议会直接提交法案。

斯洛文尼亚国民议会是国家最高立法和监督机构。国民议会在全国共分8个选区，每个选区选出11名代表，保留两名代表席位给意大利族和匈牙利族议员。本届国民议会于2014年8月组成，现共有7个政党，其中现代中间党36席、斯洛文尼亚民主党21席、斯洛文尼亚退休者民主党10席、社会民主人士党6席、左翼联盟6席、新斯洛文尼亚基督教人民党5席、布拉图舍克联盟4席，意大利族和匈牙利族少数民族议员各1席。议长米兰·布尔格莱兹为现代中间党成员，于2014年8月当选。

2. 国民委员会

斯洛文尼亚国民委员会对立法等涉及国家重大利益的问题拥有建议和质询权。该委员会由40名委员组成，包含社会、经济、专业、地方等各方面人士，分别代表社会各阶层的利益。他们中有22人代表地方，4人代表雇主，4人代表受雇者，2人代表农业界，此外，手工业者、自由职业者、个体经营者、大学、教育、科研、社会保险、文化、体育等方面各有1名委员。

国民委员会原则上拥有对国民议会立法的否决权，但国民议会有权通过再度表决推翻其否决。现任国民委员会主席为阿洛伊兹·科夫斯卡。

第五节　总统

斯洛文尼亚总统为国家元首，宪法规定总统由直接普选产生，任期五年，最多连任两届。斯洛文尼亚建国至今，共有4位总统。

1. 米兰·库昌

米兰·库昌为斯洛文尼亚共和国独立后首任总统。

米兰·库昌于1941年1月14日出生；1958年加入南斯拉夫共产主义者联盟；1978年至1982年任斯洛文尼亚社会主义共和国议会主席；1982年至1986年任南共联盟中央委员会委员；1986年当选为南共联盟

中央主席团成员；1986年至1989年任斯洛文尼亚共产主义者联盟中央主席团主席。1990年4月，库昌当选为斯洛文尼亚共和国主席团主席。1991年6月，斯洛文尼亚脱离南斯拉夫独立，成为主权国家并实行总统制。

1992年12月，斯洛文尼亚举行独立后的首次总统选举，库昌作为独立候选人当选为斯洛文尼亚总统，任期5年。1997年11月连选连任。2002年12月去职。

2. 雅内茨·德尔诺夫舍克

雅内茨·德尔诺夫舍克，1950年5月17日生，2008年2月23日去世。毕业于斯洛文尼亚马里博尔经济学院，获经济学博士学位；1994年获美国波士顿大学荣誉法学博士学位，是信贷、金融制度和对外经济合作专家；1974年加入南斯拉夫共产主义者联盟，曾任卢布尔雅那银行特尔博夫列分行行长、南斯拉夫驻埃及使馆经济参赞助理、斯洛文尼亚议会政治院代表、斯洛文尼亚工会联合会国际委员会主席等职；1984年当选为南斯拉夫共和国议会和自治省院代表；1989年5月任南斯拉夫主席团主席；1990年5月任满后，转任南斯拉夫主席团委员；1991年6月斯洛文尼亚宣布独立后，辞去南斯拉夫主席团委员职务，出任自由民主党主席；1992年4月23日当选为斯洛文尼亚独立后的首任总理；1997年2月连任总理；2000年4月8日，斯洛文尼亚议会对政府通过不信任案，辞去总理职务；2001年11月，重新出任总理。

2002年11月，斯洛文尼亚举行总统选举，德尔诺夫舍克当选，2007年12月任期届满；1995年2月和2006年4月曾访问中国。

3. 达尼洛·图尔克

达尼洛·图尔克，1952年2月19日出生于斯洛文尼亚马里博尔，1975年毕业于斯洛文尼亚卢布尔雅那大学法学院，资深政治家、外交家、法学家和国际治理专家。

达尼洛·图尔克2007年11月当选为斯洛文尼亚总统，2012年12月卸任。2015年6月16日，图尔克受聘成为人大重阳金融研究院外籍高级研究员，成为首位担任中国智库研究员的前外国国家元首。

4. 博鲁特·帕霍尔

博鲁特·帕霍尔，1963年11月2日生，毕业于卢布尔雅那大学社会、政治和新闻学院（现社会科学学院）；1992年当选议员；1993年当选联合名单党（现社会民主人士党）副主席，1997年至2012年任主席；1996年再次当选议员；1995年至1996年任议会外委会主席；2000年至2004年任议长；2004年6月当选欧洲议员；2008年领导社会民主人士党在议会选举中获胜，并于11月出任总理；2011年12月，在提前议会大选中再次当选议员；2012年12月当选总统；1995年率议会外委会代表团访华；2010年6月作为总理对华进行工作访问，并出席上海世博会斯洛文尼亚国家馆日活动；2017年11月12日，再次当选斯洛文尼亚总统。

第六节 政府

国家权力执行机构，任期4年。

本届政府成立于2014年9月，由采拉尔党（2015年3月改名为现代中间党）、退休者民主党和社会民主人士党组成。

米罗·采拉尔于2018年3月15日辞去总理职务目前为看守政府。

政府成员为：

副总理兼公共管理部部长博里斯·科普里夫尼卡尔；

副总理兼外交部部长卡尔·埃里亚韦茨；

副总理兼农业、林业和食品部部长戴扬·日丹；

内务部部长韦斯娜·吉约尔科斯·日妮达尔；

国防部部长安德雷娅·卡蒂奇；

财政部部长玛特娅·弗拉妮查尔·埃尔曼；

经济发展和技术部部长兹德拉夫科·波契瓦尔舍克；

司法部部长戈兰·克莱门契奇；

劳动、家庭、社会事务及平等机会部部长阿妮娅·科帕奇·姆拉克；

卫生部部长米洛伊卡·科拉尔·采拉尔茨；

教育、科学和体育部部长玛娅·马科维茨·布伦契奇；

基础设施部部长佩特尔·加什佩尔希奇；

文化部部长安顿·佩尔沙克；

环境和空间部部长伊雷娜·玛伊岑；

负责发展、战略项目与凝聚的不管部部长阿伦卡·斯梅尔科莉；

负责斯洛文尼亚国家与邻国斯洛文尼亚民族共同体及与海外斯洛文尼亚人关系的不管部部长戈拉兹德·日马弗茨。

第七节　司法机关

法院和检察院是国家司法机构。

法院分宪法法院、最高法院、高等法院、地区法院和县级法院，另外还设有两类专业法院：高等劳动和社会法院（主要负责处理雇佣关系和社会福利方面的法律案件）及行政诉讼法院。

宪法法院主要负责判定议会有关立法是否与国家宪法相抵触，由9名法官组成，任期9年，不得连任。院长为娅吉兰卡·索夫达特（女），2016年10月就任，任期3年。

最高法院为最高司法机构，院长任期6年。院长为达米扬·弗洛尔扬契奇，2017年2月就任。

检察院分共和国检察院、高等检察院（4个）和地区检察院（11个）。总检察长为德拉戈·什凯塔，2017年3月就任，任期6年。

第四章 军事

第一节 概述

1. 建军简史

（1）历史上的斯洛文尼亚军队

斯洛文尼亚军队的存在可追溯到公元7世纪第一个斯洛文尼亚人的国家——卡兰塔尼亚公国。公元14世纪，斯洛文尼亚人的武装曾为反对土耳其侵略而战斗，1593年军事边区的斯洛文尼亚武装曾在克罗地亚的锡萨克地区与土耳其军队的战斗中取得胜利。公元1478年、1515年、1573年、1635年和1731年先后爆发的具有全民性质的斯洛文尼亚农民大起义，已成为斯洛文尼亚历史上的重要事件。

在奥匈帝国统治时期的奥匈军队中，有几乎全部由斯洛文尼亚士兵组成的军团，后来这些士兵成了1918年组建斯洛文尼亚军队的核心力量。以鲁道夫·马伊斯泰尔将军为首的斯洛文尼亚军队大约有1.2万人，在保卫斯洛文尼亚北部领土的战斗中成功地保卫了马里博尔及其周边地区。塞尔维亚-克罗地亚-斯洛文尼亚王国后，斯洛文尼亚军队被解散并由南斯拉夫军队所取代。在1941—1945年的第二次世界大战期间，斯洛文尼亚军队在南斯拉夫军队的框架内几乎是完全独立的，1944年8月斯洛文尼亚军队大约有2.17万人，共组成了2个军团和1个战区，在抗击德、意法西斯的战斗中解放了广大斯洛文尼亚领土，战争结束后成立了统一的南斯拉夫人民军。

(2) 领土保卫部队

1968年华沙条约组织成员国出兵捷克斯洛伐克后，南斯拉夫的政治军事领导人提出，国家必须拥有强大和非常有效的军事防务力量，并由此产生了全民防御学说，成立了各共和国和自治省的领土保卫部队。各共和国和自治省的领土保卫部队是南斯拉夫人民军的组成部分，通常按分队编制。斯洛文尼亚的领土保卫部队成立于1968年11月20日，士兵来自斯洛文尼亚军队及其他斯洛文尼亚居民。

1990年斯洛文尼亚反对党在首次多党议会选举中获胜，导致斯洛文尼亚发生了一系列重大变革。1990年10月南斯拉夫军队占领斯洛文尼亚领土保卫部队司令部，12月斯洛文尼亚军队开始正式使用新的军装、军徽和实行新的军衔制。1991年5月斯洛文尼亚领土保卫部队开始在卢布尔雅那附近的伊格训练中心和马里博尔附近的帕克雷训练中心对士兵进行军事训练。那里的南斯拉夫军队在帕克雷训练中心附近与斯洛文尼亚军队发生了冲突。1991年6月2日斯洛文尼亚领土保卫部队的第一批斯洛文尼亚军队士兵举行了宣誓仪式，斯洛文尼亚共和国的武装部队宣告成立。1993年10月斯洛文尼亚的武装部队正式改名为"斯洛文尼亚军队"。

(3) 10天"独立战争"中的斯洛文尼亚武装力量

1991年6月25日斯洛文尼亚共和国宣布独立，当日南斯拉夫军队的装甲部队和其他部队为占领斯洛文尼亚边界的过境通道而发起了进攻，试图使斯洛文尼亚与外界隔离并解除斯洛文尼亚领土保卫部队的武装，迫使斯洛文尼亚放弃独立活动。斯洛文尼亚的政治军事领导人决定制止南斯拉夫军队的行动计划并击退其进攻，双方在边境地区进行了战斗，同时斯洛文尼亚民众把驻扎在斯洛文尼亚的南斯拉夫军队封锁在其营地之内并停止了供应。战争从6月26日一直延续到7月7日签订《布里俄尼和平宣言》，整整10天，被斯洛文尼亚称为"独立战争"。

2. 国防体制

(1) 斯洛文尼亚安全与防务的基本原则

斯洛文尼亚宪法规定，参加国防是国民的义务，在维护国家安全中，国家遵循的首先是谋求促进和平的政策以及和平与非暴力的理念。斯洛文尼亚国民议会于1993年通过了《关于斯洛文尼亚共和国国家安全战略的决议》，后于1994、1995、1996、1997、2000和2001年做了多次修改补充。

该文件指出，保证斯洛文尼亚的安全源于斯洛文尼亚的国家利益。斯洛文尼亚长期的和至关重要的利益是，维护斯洛文尼亚民族的特性和斯洛文尼亚人民的独立存在，在加入国际一体化进程中维护国家的独立、主权和领土完整；斯洛文尼亚的战略利益是，保证民主议会的政治制度的运作，加强法制和社会的国家，尊重人权和基本自由，保护少数民族权利及祖居的少数民族的发展，保证经济的稳定发展和加强经济的竞争力，加入欧盟和北约。该文件认为，冷战结束后国际安全形势发生了剧烈变化，面临着新的挑战、危险和威胁。在欧洲，一体化与内部冲突及非一体化并存，东南欧地区的军事冲突、大量难民、恐怖主义行为、有组织犯罪、破坏环境、军事封锁等，在一定程度上一直是对斯洛文尼亚安全的威胁。斯洛文尼亚的地缘战略地位使各种外部影响和利益在这里得以体现，斯洛文尼亚的安全首先取决于西方和欧洲在军事上、政治上、经济上的一体化进程。

（2）斯洛文尼亚的安全与防务政策

斯洛文尼亚强调，其国家安全与防务政策建立在尊重人权和基本自由以及民主和国际法的基本原则的基础之上，主要由外交政策、防务政策、保证内部安全的政策、经济政策、防灾救灾和环境保护政策等构成。在外交政策方面，斯洛文尼亚主张和平解决争端和拒绝使用武力，支持销毁和不扩散大规模杀伤性武器，尊重人民的自决权，加强国际合作与信任。

（3）斯洛文尼亚的安全与防务体系

斯洛文尼亚的安全与防务体系由国家的立法机构和执行机构管理和领导。安全与防务体系的法律框架和长期方针政策由国民议会决定，其实施所需资金由国民议会通过的国家预算提供。根据宪法规定，共和国总统是斯洛文尼亚武装力量的最高统帅。斯洛文尼亚政府作为执行机构，负责国家安全政策的执行及安全体系在各领域和各级的运作，并采取必要的政策、法律、组织等措施。斯洛文尼亚政府下设国家安全委员会，负责指导和协调国家安全体系的运作，在战时则变成国家防务作战指挥部。斯洛文尼亚的国家安全构想强调对国家安全危机的管理，国防部已组建了国家危机管理中心。在国家的基本价值受到严重威胁时，要求取消军事防务与民事防务之分并全面协调行动。在危机超越国界时，应加强与邻国和国际组织，特别是与欧盟和北约的协调行动。

斯洛文尼亚的安全与防务体系由3支组成，即防务体系、内部安全体系和防灾救灾体系。

（4）武装部队

斯洛文尼亚的武装部队为国家提供独立的或者国际联合的防御活动。其使命包括，与北约盟友合作：为斯洛文尼亚提供军事防御，制止斯洛文尼亚被侵略，在整个领土上重新建立国家主权，为国际和平与稳定做出贡献。其基本任务包括：维持战备状态，激活和调动军队，把部队部署到行动区，进行防御行动，进行攻势作战。此外还包括，为国际和平、安全与稳定做出贡献，支持确保斯洛文尼亚公民的安全和福利。

部队成员由职业军人和合同兵组成，其中绝大部分为职业军人，少量为合同兵。2018年的职业军人数量为6 762，占全部服役人员的87%；合同兵为957，占全部服役人员的13%。斯洛文尼亚施行志愿兵制度，而非强制征兵制度。

第二节　军种与兵种

斯洛文尼亚武装部队分为陆军、空军、海军等。

根据它们的战斗作用，斯洛文尼亚武装分为：战斗部队、战斗支援部队、作战服务支援部队和指挥支援部队。

根据部署能力，斯洛文尼亚武装分为：部署部队和非部署部队。

1. 陆军

斯洛文尼亚独立后，其武装部队不断转型，过程包括裁员、现代化、改制、重组，以满足北约部队的目标和它的军事承诺。陆军是军队的主要组成部分，比起空军和海军来，陆军受到更多重视。2006年斯洛文尼亚专业志愿部队有约7 300（44%）现役军人，1 300（8%）预备役军人。军队数量后来得到进一步缩减，成为一个能够满足其对于北约和欧盟的责任和义务的远征军。2010年，斯洛文尼亚有8 500

名现役军人和5 500名预备役军人。

2004年斯洛文尼亚加入北约，全面接受北约的战略部署，包括步兵营进行为期半年的北约国家安全轮岗，一个生化营参加战斗勤务和物资保障。2006年斯洛文尼亚提供的战斗部署和支援数量进一步增加，新增加了一个警察署和高战备的侦察署。

2. 海军

斯洛文尼亚是当今北约中海上力量最小的国家，海军作战能力有限。

1991年"独新战争"中新生的国家面临来自海上的突袭，南斯拉夫人民军的特种部队试图在科佩尔港附近的一个小渔村从海上登陆，该突击队被斯洛文尼亚领土防御部队击败。

斯洛文尼亚位于地中海、巴尔干半岛、西欧和东南欧的十字路口。该国的海岸线很短（46.6千米长），但至关重要。这也是斯洛文尼亚有很长时间与克罗地亚就皮兰湾的法律地位和海上边界发生争执的原因。2002年到2008年，斯洛文尼亚与克罗地亚的紧张关系使海军在争议海域大量集中。克罗地亚宣布建立"生态和渔业区"，对其他国家的经济活动进行限制。作为反制措施，斯洛文尼亚抵制克罗地亚加入欧盟。到2008年3月，在欧盟的压力下该问题得到了解决。克罗地亚议会通过了修正案，明确规定欧盟成员国免于受到生态和渔业区实施的限制。2009年11月4日，斯洛文尼亚和克罗地亚在斯德哥尔摩签署了边界仲裁协议，沿海纠纷得到了解决。

3. 空军

斯洛文尼亚军事航空始于第一次世界大战期间。当时奥匈帝国征召大批陆军、海军和空军人员服务战争。从1918年奥匈帝国开始崩溃时起，斯洛文尼亚空勤人员和地勤人员转而效忠塞尔维亚-克罗地亚-斯洛文尼亚王国。新的空军很快在克恩滕州和南部施蒂利亚州的边境省份卷入与奥地利的冲突。1919年末，斯洛文尼亚空军被吸收成为南斯拉夫空军的组成部分。

1969年斯洛文尼亚领土保卫部航空兵部队驻扎在卢布尔雅那机场附近，用522型高级教练机进行训练。这些飞机是从南斯拉夫空军借来的。1991年6月21日，国家独立的四天前，斯洛文尼亚空军脱离南斯拉夫。

现代的斯洛文尼亚空军在1991年建立，南斯拉夫撤退时留下的一小部分UTVA-75飞机成为空军建立的基础。不久之后，贝尔412直升机交付使用，空军力量得到加强。

1992年6月9日，部队改称领土防卫部队第十五航空旅。1994年部队受到捷克飞行员的帮助，训练轻型飞机的使用。1997年航空大队首次派出两架飞机在本国以外的地区执行任务。之后空军发展能力进一步提升。2004年11月8日，第十五航空旅被解散，改建为第十五直升机营，同时建有一个航空学校和空军基地。

2004年斯洛文尼亚加入北约，意大利负责对斯洛文尼亚领空进行安全防卫。原来的斯洛文尼亚空军致力于为北约军队提供支持。飞机经常用于支持北约在巴尔干半岛的维和行动。

第三节　军事改革与军事训练

在加入北约以来，超过10 200名斯洛文尼亚军人参与北约的军事行动。斯洛文尼亚武装部队核心部分既参与国际行动和任务部署，到阿富汗、波黑、黎巴嫩、马里、叙利亚、塞尔维亚和马其顿等地区进行维和行动，也加入欧盟战斗群（欧盟BG）和北约快速反应部队（NRF）。

第四节　军事工作与军事合作

1. 管理体制

斯洛文尼亚武装部队总参谋部拥有军队的最高指挥权。其根本目标和任务是完成与部队规划和发展、军事组织、能力建设、军队现代化和装备有关的军事专业任务。它还计划、协调斯洛文尼亚武装力量融入和参与国际武装合作。

总参谋部执行下列任务：发展国家军事防卫能力，对斯洛文尼亚的地位进行军事战略评估，评估未来事件和相关的反应，向国防部部长和政府提供军事方面的咨询，参与国防战略的制定，指导军事防御的发展和计划，指导有关教育和培训制度的理论发展，指导后勤支持斯洛文尼亚武装部队活动，指导和协调基础设施建设，指导斯洛文尼亚武装部队的作战和动员准备系统，指导斯洛文尼亚武装部队战时的规划和操作规划，满足欧盟和联合国的行动要求，在发生自然灾害或其他灾害时，根据其组织和装备水平，并根据政府决定，参与保护和救济工作。

2. 军事合作

斯洛文尼亚国家武装部队正式成立于1991年6月，原名为斯洛文尼亚领土保卫部队，1993年10月改名为斯洛文尼亚军队。总统为国家武装力量最高统帅。1998年起，军队按西方标准改组军队体制，分为基本国防部队、加强部队、快速反应部队。2003年9月取消义务兵役制。

独立前，作为南斯拉夫社会主义联邦共和国的一部分，斯洛文尼亚并不是《华沙条约》的成员国。在加入北约之后，该国的军事力量得到增强。北约国家从1996年解除对斯洛文尼亚的武器禁运，以加强其作为北约候选国的地位，并帮助其建立机动部队。斯洛文尼亚在2004年3月正式加入北约，其武装力量从领土防御组织发展成为能和北约其他国家的部队协同作战的军事组织。例如，作为联合国维和部队，斯洛文尼亚在塞浦路斯参加维和行动。其精锐山地部队与意大利、匈牙利和克罗地亚军队一起行动。斯洛文尼亚参与北约和欧盟行动，包括在巴尔干半岛区域和阿富汗等地区的国际维和行动。

第五章 文化

第一节 语言文字

斯洛文尼亚语是印欧语系斯拉夫语族南斯拉夫语支的一种语言，同塞尔维亚语、克罗地亚语、保加利亚语、斯洛伐克语、捷克语和马其顿语关系密切，有很多相似之处，多数国民会说英语、德语或意大利语，匈牙利语和意大利语在部分边境市镇为官方语言。斯洛文尼亚语保留了双数范畴是其语法中的亮点。

第二节 文学

1. 文学发展史

斯洛文尼亚政治家和文学家博格米·沃斯纳克认为，斯洛文尼亚的文学是"和殖民主义做斗争的堡垒"。欧洲的历史是各个民族之间相互碰撞与融合的史诗。斯洛文尼亚处在各种文化的交汇点，受到不同文化的影响，从它们中汲取营养，也影响其他民族的文化。

封建农庄时期的斯洛文尼亚充满了乡村文化，典型的代表是酒文化和富有地区特色的饮食文化。在维也纳和亚得里亚海文化之间的交融中，斯洛文尼亚人孕育了更为复杂的文化形式和内容，而不限于封建农庄中的主仆关系写照。在斯洛文尼亚的艺术作品中有突厥人的头饰、大象和老虎等东方元素。斯洛文尼亚的诗人在写作中也会采用非

第五章 文化

洲元素。到20世纪80年代，斯洛文尼亚的文坛更是表现出了民主和多元的政治倾向。

基督教最早在7世纪便传入当地。在15世纪之前，宗教信仰是哈布斯堡王朝用来统治国家的工具。16世纪，基督教新教的传教士普里莫斯·特鲁巴尔用当地的语言撰写基督教义。1584年在德国福音教会的帮助下特鲁巴尔的后继者尤里·达尔马廷完成了这本书。特鲁巴尔和达尔马廷被视为斯洛文尼亚语言的创造者。斯洛文尼亚版本的《圣经》是全球第十二种语言的圣经版本。该书同1584年亚当·博霍利奇所著的斯洛文尼亚语法书，以及1847年普列舍仁的诗歌并称为斯洛文尼亚民族文化成型的代表作。

16世纪特鲁巴尔和他的新教传教士们在斯洛文尼亚各地宣传基督新教，对农奴的封建意识产生了极大的触动作用。《福音书》借助当地的语言产生的联想给当地人的信仰找到了具体的可以依托的形象。新教在斯洛文尼亚到处开花结果，当地的教堂都被新教的教徒占领。哈布斯堡王朝企图赶走宗教改革，他们烧掉斯洛文尼亚语的《圣经》，强迫人们颂扬旧基督教。在封建王朝的迫害下，1630—1780年斯洛文尼亚经历了文学和文化的低谷。当地农民和统治者在宗教问题上时常发生冲突。

在此期间，很多当地的泛神论者的信仰和哈布斯堡官方的宗教并存。换句话说，斯洛文尼亚的文学不是通过教会得到传播，而是通过古老的民间故事得以流传的。民族节日是重要的文学传播机会。19世纪时斯洛文尼亚最重要的节日有祭祀、婚礼、朝圣、仲夏节等。在18世纪，传统文化中的很多神仙，如雷电之神佩龙，生命女神让娃和主宰冬天的女神莫兰娜在文学作品中得到复活。长着金角的山羊成为旅游景点的文化象征和孩子床头的玩具。斯洛文尼亚传统的狂欢节普斯特节和穿着羊皮外衣的库仑特狂欢节完完整整地进入现代生活中。

在17世纪现代文明席卷斯洛文尼亚之前，当地文学中最值得一提的是1689年的一部地理学著作《克兰地方志》，它的作者是当地的学者约翰·沃尔瓦梭。沃尔瓦梭年轻的时候就在欧洲和非洲游历。他意识到他的家乡以外的人们对于哈布斯堡王朝一无所知。他将毕生的精力投入到研究斯洛文尼亚喀斯特地形中，并形成了斯洛文尼亚民族概念的雏形。1687年沃尔瓦梭获得了在伦敦皇家学院从事研究的机会。

这部作品是斯洛文尼亚历史上第一部地理学著作。凭借这部书,他获得了英国皇家科学院研究员的身份。此外沃尔瓦梭在这部书中概述了他的家乡克兰,也就是现在的斯洛文尼亚的地理、历史、民风民俗等,他的历史叙事体裁在当时人类学的作品中很少见到。

倘若斯洛文尼亚人当时同世界各地有更多联系,他们会发现,这个国家不仅在地理上特殊,在文化上也与众不同。比如民间绘画中的图案干草架很少出现在中欧其他国家的文化中,再比如绘画中用明亮色彩勾勒的蜜蜂的蜂房。当地的人们采用蜂蜜和蜂胶来治病,卢布尔雅那北部的人们最早使蜂胶在医学上发挥作用。

特鲁巴尔和沃尔瓦梭等人的著作作为斯洛文尼亚文化的历史先锋作品出现在欧洲的舞台。这些作品同后来18世纪以后的文学作品一起为斯洛文尼亚民族的形成奠定了基础。在漫长的中世纪宗教压迫之后,18世纪当地的语言文化又活跃起来。这次的民族文艺复兴是意大利、德国等整个欧洲文艺复兴的一部分。1791年安顿·林华特完成了当地喀斯特地貌历史研究,他的著作描述了当地人的活动。1768年马克·博林编订了斯洛文尼亚语法书,1797—1800年第一份当地语言的报纸刊印发行。凭借这些活动,语言文学又成为斯洛文尼亚人生活的中心。

在文学中首先要提到的是伟大的诗人和作家弗兰策·普列舍仁。普列舍仁建立了国家文学的自信心,他对斯洛文尼亚现代语言的影响独一无二。他还是斯洛文尼亚民族性格的代言人。虽然偶尔用德语写作,但普列舍仁的斯洛文尼亚语的创作艺术境界是最高的。他大部分的作品收录在《诗集》中。直到150多年后的今天,学生们依然会背诵他的诗歌。普列舍仁的作品立足于斯洛文尼亚背景,反映的却是人类普遍存在的情感。

普列舍仁代表性作品是《祝酒歌》,斯洛文尼亚国歌选自这篇诗歌的部分章节。在这首诗歌中作者表达了世界应该和谐安宁、共同生存,所有的民族应该成为兄弟的意愿。国歌的创作者这一荣誉是这个民族对诗人的最高礼赞。

普列舍仁的作品经常会把人物的爱恨情感和爱国主义集中在一起。在《苦难短歌》和《短歌王冠》中集中反映了这两个主题。在另一部《塞维奇的洗礼》中,他把这些主题进行了融合。在诗中,他描述了一个骁勇善战的斯拉夫领袖可诺托米尔和他的爱情故事。从战场上回到家乡的可诺托米尔发现自己心爱的姑娘背弃了斯拉夫女神让娃,转而成为基督教信徒。他不能容忍这种民族的背叛,从而和爱人断绝了关系。但是故事的发展揭示,姑娘转向基督教的原因是她和上帝有个约定,只要上帝保佑自己心爱的战神能从战场上活着回来,她就信仰基督教。诗歌的主基调悲伤忧郁,表现了当时斯洛文尼亚人在面临和大国的冲突中,无法主宰自己国家命运的困境。这部作品立意雄厚高远,堪称是世界文坛的上乘之作。

第一次世界大战爆发前,维也纳成为文化思潮汇集的圣地。斯洛文尼亚年轻作家追随奥地利现代主义作家来到维也纳,试图要超越现实主义的写作风格。其中一位叫伊万·参卡尔,他在斯洛文尼亚文坛上占有普列舍仁之外的另一个显赫位置。他的作品大多采用斯洛文尼亚语言,对外翻译的作品数量很少。

参卡尔年轻时期创作现代诗歌。1899年创作的《色》被当时的天主教全部买断烧毁。后来他写作散文和戏剧,充满了悲观和伤感,直接批判资产阶级。在《国家之善行》中,参卡尔揭示了哈布斯堡王朝没落时期斯洛文尼亚民族的困境。

戏剧《仆人耶尔奈和他的权利》是参卡尔的最高文学成就。这部戏剧影射斯洛文尼亚这个弱小的民族在哈布斯堡王朝中的悲惨命运。剧中耶尔奈是一个仆人,为主人忠诚地服役了40年。他为主人建造了房子,并在田地里辛勤耕作。可是在老主人去世后,少东家取消了他在房间壁炉旁侍奉的职位。耶尔奈看不惯新主人的很多行为,经常会把这种不满表露出来,为此他被主人赶出了城堡。他来到卢布尔雅那,希望法庭能维护他的权利,毕竟他给主人建造了房子,工作了那么多年,怎么能说开除就开除呢?然而,在卢布尔雅那法庭上,别人只把他当作一个笑料,并没有站在他的立场上。耶尔奈相信他自己的权利是不能被剥夺的,他来到维也纳,希望在那里遇到皇帝,希望皇帝能够为他主持公道,归还他应得的权利。然而在维也纳他被当成流浪汉抓了起来,审问他的人操着不同的语言,双方无法交流。他们从他身上的信件中识别出他的身份,把他送回了他原来的主人那里。戏剧的结尾处,耶尔奈穷困潦倒,他在主人的庄园放了把火,看着大火,他站在旁边,双手放在口袋里,大笑起来。最终耶尔奈被周围的人扔到了火海中。参卡尔的写作明显受到了社会民主思想的影响。耶尔奈代表了斯洛文尼亚这个弱小的国家在哈布斯堡王朝日薄西山之时所经历的命运，描写了斯洛文尼亚在独立前的各个王朝中的地位。从国家的角度看，这部戏剧探讨了斯洛文尼亚民族寻求独立和自治的期望，同时也是世界范围内贫民反抗权贵、追求平等和自由的一个组成部分。

奥拓·祖潘契奇是另外一位现代主义文学家。他的作品没有参卡尔忧郁浪漫的风格，乐观并充满希望是他的风格。斯洛文尼亚人对他印象最深的是他创造的儿童人物茜茜潘。年轻的时候祖潘契奇创作诗歌，代表作有《一杯毒酒》，这部作品发展了普列舍仁开创的诗歌和戏剧的混合文体。在两次世界大战期间，他云游各地，继续他的诗歌创作，他也是第一个把莎士比亚作品译成斯洛文尼亚语的翻译家。

第二次世界大战之后，在斯洛文尼亚文坛上和社会思潮中，具有重要影响的诗人和散文家有爱德华·科贝克、雅内茨·梦纳特、托尼·佩夫斯克、西瑞·兹罗贝茨和西瑞·库司马茨等。其中，科贝克的诗深受现代没学的影响，其代表作有诗《夜与玩具》《恐惧和勇气》《在塞米那路》；兹罗贝茨的代表作是自传体散文《作斯洛文尼亚人很好，也很难》；散文家库司马茨则受到后现代思想的影响，其代表作有《面色和快乐》《春季的一天》等。另外一个以叙事手法见长的作家是伊万·波特尔奇，其代表作是1953年发表的《田野上》。

2. 文化政策

在斯洛文尼亚的历史上，由于长期没有自己的国家和政权机构，斯洛文尼亚人在很大程度上是靠语言和文化保持了自己的民族特性，因此斯洛文尼亚的文化艺术在其民族史上占据着特别重要的地位。

斯洛文尼亚宪法规定，保证每个人享有平等的人权和基本自由，公民的言论、宗教信仰、集会结社自由，少数民族有权维护和发展本民族文化和使用本民族的语言和文字，意大利和匈牙利少数民族可自由使用本民族的标志，成立组织和开展经济、文化、科技、出版等活动。

3. 文学主要领军人物

（1）普里莫斯·特鲁巴尔

普里莫斯·特鲁巴尔，斯洛文尼亚文学的创始人，斯洛文尼亚文学语言之父，也是著名的新教改革家，斯洛文尼亚文化史上的重要人物之一。1550年，特鲁巴尔用斯洛文尼亚语撰写了两本书，即《教义问答》和《拼写手册》，首次将斯洛文尼亚语变成了一种文学语言。特鲁巴尔用斯洛文尼亚语总共创作了22本书，他也是第一位将《圣经》部分内容译成斯洛文尼亚语的翻译家，他的作品为斯洛文尼亚语言文字和文化的发展奠定了基础，加强了斯洛文尼亚人作为独立民族的意识，为斯洛文尼亚民族做出了历史性的贡献。

为了纪念特鲁巴尔对斯洛文尼亚语言及文化的贡献，斯洛文尼亚在各个时期通过各种形式对其进行怀念。1992年，特鲁巴尔被印在斯洛文尼亚10托拉尔纸币上。2007年，他的头像出现在斯洛文尼亚发行的1欧元硬币上。2008年是特鲁巴尔诞辰500周年，斯洛文尼亚政府宣布该年为特鲁巴尔年，并在全国各地举办庆祝活动。同年，斯洛文尼亚发行面值2欧元的纪念币和相关邮票。2008年3月6日至12月31日期间，斯洛文尼亚国家博物馆举办了一场关于特鲁巴尔生平、作品和斯洛文尼亚宗教改革运动的展览。从2010年起，斯洛文尼亚把6月8日被定为特鲁巴尔纪念日。

（2）亚当·博霍利奇

亚当·博霍利奇是第一本斯洛文尼亚语语法书的作者，也是一位新教牧师。1584年，他用拉丁语撰写了第一本斯洛文尼亚语语法，该书成为斯洛文尼亚语的标准指南。博霍利奇在此书中编写了首个斯洛文尼亚语字母表，该字母表一直使用至19世纪40年代。

（3）尤里·达尔马廷

尤里·达尔马廷是一位斯洛文尼亚牧师、作者和翻译家。他是首个用斯洛文尼亚语翻译全套《圣经》的人。

年少时，他师从新教牧师及语法学家亚当·博霍利奇。他的一些研究及作品曾受到博霍利奇及新教改革家特鲁巴尔的资助。1572年，达尔马廷在卢布尔雅那成为一名牧师。

他一生著有数本宗教类书籍。1584年，他用斯洛文尼亚语翻译了全套《圣经》。他的翻译在一定程度上为斯洛文尼亚语言文字设立了标准。

(4) 弗兰策·普列舍仁

弗兰策·普列舍仁是斯洛文尼亚浪漫主义诗歌的先驱,也是斯洛文尼亚最伟大的诗人。他的作品情感真挚热烈,被翻译成多种文字在国外出版。普列舍仁不仅是斯洛文尼亚诗歌界的领军人物,也是欧洲最优秀的浪漫主义诗人之一,在欧洲文学发展史上占有一席之地。

普列舍仁生活在奥地利专制统治的年代,他主张发展斯洛文尼亚本民族的文学,对于维护斯洛文尼亚语言和文学标准的统一做出了贡献。同时,他也是主张斯洛文尼亚民族独立的政治思想家,他号召斯洛文尼亚人为民族的自由和独立而斗争,这一愿望在他的诗歌中有所表现。他的诗作《祝酒歌》中的一段诗词被定为斯洛文尼亚共和国国歌的歌词。此外,他的代表作品还包括《海神叙事诗》《萨维奇的洗礼》等。他的作品唤醒了斯洛文尼亚人的民族意识,他本人被视为斯洛文尼亚民族独立和民族精神的象征。

普列舍仁对斯洛文尼亚文学及文化影响深远。为了纪念这位文坛巨匠,1905年,他的纪念雕像被矗立于斯洛文尼亚首都卢布尔雅那市中心的广场上,该广场也因此被命名为普列舍仁广场,每年吸引着大量游客前往参观。2月8日是普列舍仁的逝世纪念日,1945年斯洛文尼亚将这一天定为国家文化节日,用来纪念这位伟大的诗人。1992年,他的像被印在斯洛文尼亚的1 000托拉尔纸币上。2007年,斯洛文尼亚发行的面值2欧元的硬币上也印有他的像。以他名字命名的"普列舍仁奖"是斯洛文尼亚针对文化艺术成就授予的最高奖项。

(5) 约西普·尤尔契奇

约西普·尤尔契奇是一位斯洛文尼亚作家、记者。他的作品《第十个兄弟》被视为斯洛文尼亚的第一部小说,是斯洛文尼亚小说的典范。1982年,根据该小说改编的同名电影问世。此外,尤尔契奇还与评论家弗兰·列夫斯蒂克一起为文学评论奠定了基础。

(6) 伊万·参卡尔

伊万·参卡尔是斯洛文尼亚作家、剧作家、散文学家、诗人及政治活动家。参卡尔是斯洛文尼亚现代文学的先驱,在斯洛文尼亚文坛上占有重要地位,被视为斯洛文尼亚最伟大的作家之一。

参卡尔早期诗歌受西方现代派文学影响,后逐步转向现实主义,创作了不少反映人民群众苦难生活、鞭笞资本主义制度的小说和剧本。其代表作有《仆人耶尔奈和他的权利》《仆人们》等，前者揭示了资本主义社会深重的阶级压迫，塑造了一个勇于反抗、在痛苦中企望幸福和光明的典型人物形象；后者则预示了无产阶级必胜的前景。他的作品广泛地展示了20世纪初的社会生活，大多反映了劳动者遭受压迫和剥削的悲惨境遇，揭露了资本主义社会的本质。参卡尔无疑是20世纪斯洛文尼亚现代文学中的代表人物，他的作品影响深远，已被译成多种文字出版。

为了纪念这位文坛巨匠，在斯洛文尼亚，不少街道、广场、大楼和机构都以他的名字命名。位于卢布尔雅那的"参卡尔大会堂"是斯洛文尼亚最大的会议和文化中心，也因这位文坛巨匠而命名。参卡尔的像还被印在斯洛文尼亚最高面值——10 000托拉尔的纸币上。

（7）奥拓·祖潘契奇

奥拓·祖潘契奇是斯洛文尼亚另外一位现代主义文学家，他运用现代诗歌手法创作的诗歌颇具特色，在一段时间内成为其他诗歌作者的典范。他的代表作品是儿童诗集《茜茜潘》。该诗集自1915年问世以来，颇受欢迎，已再版多次。祖潘契奇还是一位多产且多才的翻译家。他曾将莎士比亚的大部分剧本翻译成斯洛文尼亚语。此外，他还曾翻译了但丁、查尔斯·狄更斯、列夫·托尔斯泰、伏尔泰等人的作品。在斯洛文尼亚，以他的名字命名的街道、大楼和机构也有不少。

（8）斯雷契科·科索韦尔

斯雷契科·科索韦尔是第一次世界大战后涌现出的斯洛文尼亚先锋派诗人，他也是斯洛文尼亚文学中表现主义和构成主义的奠基人。年幼时，科索韦尔就表现出了诗歌创作的天赋，后进入卢布尔雅那大学学习，同时创办了一份文学杂志，投身于先锋派文艺运动。1925年，他开始尝试创作"构成主义"诗歌，并担任杂志《青春》的编辑。1926年5月26日，他因患感冒而引发脑膜炎去世，年仅22岁。科索韦尔虽英年早逝，然而他的作品数量和创作力令人惊叹。他的诗稿逾千份，其中完整的诗歌数量达500首，其创作水平在同龄人中实属罕见。

（9）爱德华·科贝克

爱德华·科贝克是斯洛文尼亚战后文学的主要人物，早年在斯洛文尼亚马里博尔学习，后在德国柏林、法国里昂和巴黎等地求学。他的游击队日记和随笔以及他正直的人格，为民族的精神面貌留下了难以磨灭的印记。但在20世纪50年代的争论中，他成了持不同政见者。这也使他成为20世纪斯洛文尼亚饱受争议的一位人物。

（10）西瑞·库司马茨

西瑞·库司马茨是斯洛文尼亚小说家和电影剧本作家。第二次世界大战后，随着斯洛文尼亚电影产业的兴起，他除了身兼记者一职，同时也为电影写剧本。电影《在我们自己的大地上》的剧本便是出自库司马茨之手。1961年，他成为斯洛文尼亚科学艺术学院的成员。1980年，他逝世后被授予了"普列舍仁奖"。

（11）雅内茨·梦纳特

雅内茨·梦纳特是斯洛文尼亚诗人、翻译家。他是20世纪后半叶最受欢迎的斯洛文尼亚诗人之一，也是一位出色的翻译家。他的诗歌作品中，有400多首被翻译成约25种文字。他的不少作品还被赋曲，以音乐的形式被传唱。翻译方面，他用斯洛文尼亚语翻译了大量经典的英法诗集，其中包括莎士比亚的十四行诗，拜伦、罗伯特·彭斯、雅克·普莱维特、弗朗索瓦·维庸的诗歌作品。此外，他还翻译了英国文艺复兴时期的一些戏剧作品，如《福尔蓬奈》及《浮士德医生》等。梦纳特还是斯洛文尼亚第一个出版有声读物的人。

（12）格雷戈尔·斯特尔尼察

格雷戈尔·斯特尔尼察是斯洛文尼亚诗人、剧作家及歌曲作家，同样是20世纪后半叶斯洛文尼亚文坛上的一位重要人物。他的诗歌被翻译成多种语言。剧本方面，他最著名的作品包括《独角兽》《青蛙》《食人族》等。1986年，他获得了"普列舍仁奖"。

（13）托马斯·萨拉蒙

托马斯·萨拉蒙是东欧先锋派诗人的主要代表之一。萨拉蒙拥有丰富的人生经验、深厚的文化底蕴、广阔的国际视野、超前的艺术眼光和娴熟的写作技巧，被视为斯洛文尼亚当代最杰出的诗人。其作品被翻译为21种文字，39部诗集中有数部被翻译成英文，包括《牧羊人，猎人》《忧郁的四个问题》《宴会》《扑克》《划船》《给我兄弟的书》《森林与圣杯》《那儿是手，那儿是干旱的椅子》等。萨拉蒙获奖无数，包括"普列舍仁奖"、斯洛文尼亚作家协会年度诗人奖、美国小型出版社最佳年度文学作品奖、德国明斯特市举办的2007年度欧洲诗歌奖、2004年罗马尼亚奥维德节奖等。

第三节　艺术

艺术在斯洛文尼亚文化运动中一直占据着中心位置。其中，电影、绘画和音乐等高雅艺术到近代才慢慢发展起来，但它们的地位远不如斯洛文尼亚文学。除了文学之外，斯洛文尼亚建筑和电影相对来说在世界文化中是具有一定影响力的。

1. 音乐

斯洛文尼亚人早在公元6世纪开始向这里迁移时，就带来了自己的斯拉夫音乐文化，8世纪斯拉夫人皈依基督教后，教堂唱诗班的音乐传播开来。11—15世纪，他们创作了一些中世纪歌曲，修道院、教堂和学校流行的是有旋律的、曲调和谐的赞歌和举行礼拜仪式的歌曲。中世纪末，教会歌曲达到了相当高的水平，发展了当时欧洲的复调乐曲。16世纪最著名的斯洛文尼亚作曲家是创作中世纪赞歌和牧歌的大师亚科布·佩泰林－加路斯。17世纪的音乐在意大利文艺复兴和维也纳巴洛克艺术风格的影响下开始欣欣向荣，1701年卢布尔雅那有了交响乐科学院，1870年第一部斯洛文尼亚歌剧《贝林》在古典主义艺术的影响下诞生。在19世纪的浪漫主义时期，贝尼亚明·伊帕韦茨、弗朗·格尔比奇和安东·弗埃尔斯泰尔是最重要的代表人物，而里斯托·萨文则是新浪漫主义最好的代表。第一次世界大战后，在欧洲音乐的现代派潮流中，代表人物是马里·科戈伊和斯拉夫科·奥斯泰尔茨，而后浪漫主义的代表则是路茨扬·玛利亚·什克尔亚涅茨。斯洛文尼亚音乐的文艺复兴，虽然被随后爆发的第二次世界大战所打断，却激励了新的自我意识和现代民族自我表现的创作精神，使20世纪的斯洛文尼亚音乐具有了自己的特色。后来，马里安·科茨那、普里莫斯·拉莫夫什、乌罗什·罗伊科、亚尼·戈洛布、维恩科·格洛博卡尔和阿尔多·库马尔等都向欧洲广大听众演出过斯洛文尼亚音乐。斯洛文尼亚钢琴演奏家杜布拉夫卡·托姆什奇、长笛演奏家伊列那·格拉菲那乌埃尔、黑管演奏家马泰伊·贝卡维茨、女中音歌唱家马里亚那·利波夫舍克等在国外的演出，都获得了很高的评价。在斯洛文尼亚，古典音乐的主要演出团体是斯洛文尼亚爱乐乐团和斯洛文尼亚广播电视交响乐团，斯洛文尼亚广播电视舞蹈乐团在第二次世界大战后演奏了许多通俗风格的音乐。在声乐方面，斯洛文尼亚广播电视合唱团、斯洛文尼亚"奥克泰特"八重唱演出小组和"卡尔米那"女声合唱小组都是享誉国内外的演出团体，由阿夫塞尼克五兄弟组成的"阿夫塞尼克"演奏小组是世界有名的传统民俗音乐演奏团体，还有许多斯洛文尼亚的流行音乐演唱家和作曲家也在国际上享有良好声誉。

这些艺术门类中最弱的应该是音乐。斯洛文尼亚的音乐在欧洲人的眼里看来微不足道，无法同奥地利和匈牙利等国家相提并论。传统斯洛文尼亚的民间音乐融合阿尔卑斯山和巴尔干半岛的音乐风格于一体，音乐以曲风比较单一的民乐为主。

2. 舞蹈

斯洛文尼亚的著名芭蕾舞演员是皮诺·姆拉卡尔和皮亚·姆拉卡尔，而两个年轻的舞蹈设计师伊斯托克·科瓦奇和马蒂亚兹·法里奇则在欧美各国舞台上扩大了斯洛文尼亚舞蹈艺术的声望。伊斯托克·科瓦奇1993年在比利时创建了"恩科那普"舞蹈队，1994年迁至卢布尔雅那，在十多年的演出过程中，树立了自己的美学内涵并形成了自己的特色，并与国外许多团体建立了联系，在欧洲、美国、拉美地区的20多个国家和地区进行过访问演出，并在英国、瑞典、以色列、斯洛伐克、瑞士、荷兰等国举行的舞蹈大赛中获奖。后来，马亚·代拉克、安德列·拉乌契、马拉·克利那等推动了舞蹈学校的成立，培养出了一代青年舞蹈演员。在斯洛文尼亚，除了卢布尔雅那的戏剧、电影、广播、电视科学院外，还有音乐科学院、歌剧学院、芭蕾舞学院等专门培训音乐、舞蹈人才的教育机构。在卢布尔雅那每年举行的舞蹈艺术节和卢布尔雅那夏季联欢节、马里博尔联欢节，都有国内外著名戏剧、音乐、舞蹈等艺术家前来演出精彩节目。

3. 绘画

哈布斯堡王朝的末年，斯洛文尼亚出现了画廊艺术。领军人物是理查德·雅科比奇。他把印象主义艺术引入了斯洛文尼亚，在卢布尔雅那创办了第一所艺术学校，该艺术学校为卢布尔雅那大学的艺术学院的前身，创办艺术画廊并开始了严肃的绘画批评写作。同期的印象派画家还有马泰·斯特恩、马蒂亚·贾马和伊万·格鲁哈。印象主义在斯洛文尼亚在1906年以后有了很大发展，他们同以马克思姆·格斯帕里为代表的民间艺术形成了鲜明的对比。印象主义画派不仅有人物肖像，还有用柔和的色彩描绘的自然风光。格鲁哈的作品《农耕者》画面描绘了在雾气弥漫的清晨，一个农民在耕种，画面的背景中有斯洛文尼亚特有的干草架，画面预示着19世纪的斯洛文尼亚在封建王朝的暮年呈现出的迷茫。农耕者的形象逐渐成为斯洛文尼亚国家的代表性作品。

4. 建筑

斯洛文尼亚的建筑业比绘画要突出得多。伟大的建筑大师约热·普列赤涅克对卢布尔雅那的贡献可以和任何一个伟大的城市建筑师相媲美。他就是巴塞罗那的安东尼·高迪，是芝加哥的弗兰克·劳埃德·赖特。年轻时期的普列赤涅克在维也纳、布拉格和佛罗伦萨工作。这些地区的文化在他的作品中都有体现。回到斯洛文尼亚后，普列赤涅克希望进行现代的艺术建造，构想着把城市的巴洛克风格和几何图形相结合，色彩上他钟情于粉色与灰色色彩相辉映。他的作品在维也纳和布拉格也可以看到。

没有普列赤涅克就没有今天美丽的首都卢布尔雅那。在他30多年的职业生涯中，这位伟大的建筑大师把一个小城镇改造成为一个国家的首都，把民族的自信心植入每个卢布尔雅那人的心里。1939年的圣米歇尔教堂保留了宗教的思考和现代的构图；1941年完成的国家大学图书馆采用了粉色和灰色的石材搭配，是青年文化的主要特征。1931年建造的"三桥"是另外一个代表作品。白色的石桥通往市场。这座桥可以看作卢布尔雅那城市的中心，坐落在该国伟大诗人普列舍仁雕像的附近。此外，卢布尔雅那中央市场以及扎莱公墓都是普列赤涅克的传世之作。

普列赤涅克最伟大的作品是1940年的城市扎莱公墓。公墓的拱形设计、建筑材料的选择都体现出作者作为一个基督教社会活动家对奉献和和平的理解。以上这些建筑还仅仅是他对卢布尔雅那的部分构想，还有很多的建筑构想在大师的一生中未得到实施。同期的建筑杰作还包括1931年乌拉迪莫·舒比奇在卢布尔雅那建造的摩天大楼。这座大厦体现了建构主义的风格，同第二次世界大战后斯大林时期周围的建筑物风格很和谐。1905年马克斯·法比尼等建造了诗人普列舍仁雕像。

5. 电影

斯洛文尼亚文坛强有力的叙事传统对电影艺术的发展有极大的影响。很多作家同时也是影片的编剧。维托米勒·祖攀的代表作《小步舞吉他曲》在1975年引起了文学界广泛的关注。小说有两个主要背景：一个是第二次世界大战中怀揣着自由理想的波克；一个是波克在第二次世界大战时期的对手比特。比特在第二次世界大战中是保卫斯洛文尼亚的士兵，战后三十年，两人相遇，开始探讨战争的意义。这部书由于充满对政治自由的讨论和对现实的不满描写而受到当局的出版限制。

一些人喜欢这部小说中战争的描写，有的喜欢小说中士兵对战争麻木和超脱的态度。书中对战争的一些讨论具有深刻的政治和人性的思考，比如政治对敌人的永恒的需要。结尾处波克的朋友安东不幸死了，死在了自己的战友庆祝胜利时候的擦枪走火。这种可气又可笑的死法在这部小说中并没有被隐瞒或者美化，而是直接引向了对于英雄主义、以牺牲换取既定胜利的价值观的否定。小说认为胜利不过是不可控制的外在因素的偶然结果。1980年这部小说被搬上了荧幕，电影用安东死之前说的最后一句话作为题目——《下次战争再见》。这部影片成为斯洛文尼亚对第二次世界大战进行描写的一部世界级的文化贡献，电影并没有回避对第二次世界大战和政治党派的讨论。该影片在20世纪80年代斯洛文尼亚民族运动复兴中起到了传播自由思想的作用。

导演弗兰蒂舍克·查普从1953年到1962年拍摄了一个名字叫《瓦萨娜的女孩》的三部曲。这三部影片一改往日战争主题，转而以诙谐幽默的语言和情节描写了人们在五十年代的美好生活。1957年的第二部《不要等到五月》是这三部电影中最受欢迎的一部。影片的背景是正在读卢布尔雅那大学的瓦萨娜。瓦萨娜的男朋友山姆是个很可爱的小伙子，但是瓦萨娜的父亲却不接受这个女婿。为了让父亲同意他们结婚，瓦萨娜开始假装怀孕。为此父亲信以为真并为要出世的宝贝做了很多准备，后来却发现是假的。最终父亲还是答应了女儿的要求。

电影设计了一连串的笑话，主题音乐和漂亮的主人公都成了这部影片的卖点。电影所传达的代际间价值观的差异，年轻人反抗传统的合理性等价值观已经和西方国家接近。

另外一位杰出的导演是弗朗斯·史迪格里奇。他是一位多产的导演，前后执导了二十多部电影，代表作为《和平谷》。该影片刻画了第二次世界大战中由于联军轰炸卢布尔雅那而成为孤儿的两个孩子。一个是罗迪，他是斯洛文尼亚的德意志少数民族，会讲德语和斯洛文尼亚语。另一个是斯洛文尼亚孩子马克。战争中马克的家被炸毁，两个孩子一起逃亡。开始他们想去马克的叔叔家，被称为和平谷的地方。逃亡中他们遇到了美国黑人空军战士吉姆。吉姆的战斗机被击落，德国士兵正在到处抓捕他。最终三个人来到了马克叔叔的家，但叔叔早已经带着家里的牛躲进了大山。这时斯洛文尼亚的部队和德军都在寻找这个美国人，并在马克叔叔家里找到了他。德军寻找他是因为他们怕他回去向美军报告部署在附近的德国防御工事。斯洛文尼亚军队和德军在这里展开了激烈的战斗，吉姆在死之前把两个孩子送到了安全的地方。影片结尾处马克站在山谷的顶端，用孩子的语言对罗迪讲，这个不是和平山谷，也许旁边的一个是，他们一起去寻找。影片用暖色调和诙谐幽默的手法描写战争，烘托了种族和国家的界限可以被超越的一个温暖的人类主题。

1975年史迪格里奇导演了《好人的传说》。该影片根据斯洛文尼亚的作家米思卡·克拉尼察的同名小说改编。影片用浓绿的乡村为背景，色彩柔和亲切，描写了一对老夫妇和他们孩子的生活。老头子约瑟夫和老太太阿娜为他们的孩子伊万和他妻子玛塔的婚姻担心。伊万和玛塔有一个孩子卡迪卡，卡迪卡的双眼失明。玛塔被发现和彼得在一起的时候，这桩婚姻彻底破裂。但彼得原来是约瑟夫和阿娜的孙子。彼得的出现也获得了卡迪卡的好感。于是卡迪卡把玛塔和彼得的事情告诉了伊万。玛塔离家出走寻找她自己的生活。卡迪卡尾随并勾引了彼得，但是彼得并不喜欢卡迪卡。卡迪卡在寻找彼得的途中失足落水而死。

影片的深度来自这对老夫妇。影片对老夫妇进行了慢镜头细节处理，他们在谈论死亡和彼此责任的时候，暗色中闪烁着他们浑浊的眼睛。阿娜告诉约瑟夫她年轻时候的情人盖博利尔来找过她，但她不能跟他走，因为老约瑟夫什么都不懂，没有办法照顾自己。在两个人庆祝金婚 50 年的时候，玛塔和伊万为老人祝酒，玛塔目光中流露出痛苦。她无法容忍这种田园牧歌式的斯洛文尼亚传统的束缚。老夫妇之间稳定的情感关系是斯洛文尼亚保守乡村生活的主基调，也是在那里生活着的或者忍受着的"好人们"的生活方式。影片略微表现出对失去的传统价值观的怀念，但并没有对反传统的新的价值趋势的评价，而是将更多的思考空间留给了读者。

史迪格里奇的电影具有极高的艺术价值。但是在斯洛文尼亚以外，知道他的人很少，这一点同这个国家较低的电影产量有关。到 1997 年斯洛文尼亚一共出产了故事片约 130 部，大约每年出产 2 部作品。人口少，决定潜在的观众数量少，投资和回报都有限。在斯洛文尼亚独立后，美国文化侵袭严重，同时政府缺乏对本国文化的保护政策，实际上文学和电影都面临着同样的困境。

这一时期的电影艺术得到了很大的发展，也出现了很多反映当时社会政治局面的较为突出的影片。比如《边防卫士》，讲述了三个女孩乘独木舟沿着克尔帕河出游的故事。该河流是斯洛文尼亚和克罗地亚的边境河流，电影表现出对边境安全的三重考虑：一是国际关系意义上的安全，二是局部地区的安全，三是个人安全。三个女孩的旅行安全反映出当时沿河非法偷渡者的命运。影片中描写她们在斯洛文尼亚和克罗地亚的边境处遇到了战争，她们以为是两个国家在打仗，但实际上是斯洛文尼亚进行了 10 天的独立战争。男人的性暴力是影片的主题之一。三个女孩中的斯莫纳离开了另外两个女孩，同一个年轻人和另外两个男孩的同伴消失了。影片并没有描写性暴力的过程，却描写了传统习俗中对处女的祭奠仪式，出现麋鹿和飞蛾，在斯洛文尼亚文化中这两个形象都代表男性。

在这个时期的电影出现了很多反映个人和人类安全的主题。2001 年的《面包和牛奶》，2003 年的《在她窗下》、《备用器官》和《奶酪和果酱》等。

2001 年威尼斯国际电影节上让·茨维托维执导的影片《面包和牛奶》获得了金狮奖，影片描写了意大利边境地区的一个小镇的悲惨生活。在这个小镇上，人们失业率高并且酗酒严重，整个社会颓废不堪。影片很短，只有 68 分钟，但凝重的主题给人的感觉很长。主人公在买面包和牛奶的时候发现他妻子同自己的朋友有亲密关系。出于愤怒，主人公开始酗酒，他的儿子吸毒，最后一家人在车祸中死去。影片描述的完全不是阿尔卑斯山的阳光，而是这个国家的阴暗面。

2003年的《在她窗下》描写了一个30岁的女子和一个已婚男人的情感纠葛。之后，她怀疑这段感情的未来，陷入酗酒、占星术和吸毒。同时不得不忍受着她的母亲过同样堕落的生活。影片同好莱坞和法国的电影有很多相似之处。

这些影片中最恐怖的一部是2003年获得威尼斯电影节奖的《备用器官》。电影讲述了在斯洛文尼亚和克罗地亚边境处一个退休的赛车手，他患有癌症，即将死亡，靠从事人口器官交易赚钱。那个地方工业污染严重，核战争威胁人们的生存。影片谴责了欧盟等富裕国家的人们受益于非道德的商品交易，是对现代社会黑暗面的揭示。

《奶酪和果酱》表现了波斯尼亚人和斯洛文尼亚人的文化。他们可以融合，但却出人意料。主人公是移民到斯洛文尼亚的波斯尼亚人。影片的开始司蓓拉回到乱七八糟的家中，发现冰箱里面只有奶酪和果酱。司蓓拉（斯洛文尼亚人）问柏若尔（波斯尼亚人）这两种食物是否可以搭在一起吃，柏若尔随口说可以，当司蓓拉咬了一口奶酪和果酱的时候，柏若尔笑了起来。影片设计了柏若尔这个移民在同斯洛文尼亚的房东交往的过程中受到的种族歧视和侮辱。在两个民族之间有明显的"我们"和"他们"之间的界限。奶酪和果酱并不怎么合得来，尽管历史让他们共享一个空间。他们的融合产生了新的文化，然而他们必须走不同的道路。影片结尾处柏若尔和司蓓拉虽然保持联系，但并没有结合在一起，就像奶酪和果酱无法融合。影片反映了在现代的斯洛文尼亚，移民到来所造成的民族文化差异问题。

6. 先锋艺术

在斯洛文尼亚，有一种艺术让她超越语言的障碍而走向世界，这就是先锋派的现代表现主义。现代艺术从80年代开始进入斯洛文尼亚，这种艺术风格非常适合斯洛文尼亚文化中利用传统和极权的象征手法挑战现存的制度，尤其是挑战宗教文化。虽然不是所有的先锋艺术都是此类风格，但是有一大批艺术作品的目的就是要展现他们的非主流和非本土情结。

1991年以后，斯洛文尼亚的文学组织努力通过翻译自己国家作家的作品以及发表现代艺术加大自己在国内外的影响，他们主要的阵地是文学杂志 L.S.。现代文学的主要代表人物是卓哥·杨卡。他擅长采用叙事的方式讲述命运或者进行历史题材的写作。杨卡的代表作品是小说《歌利亚特》，讲述了17世纪的一个叫约翰的人在哈布斯堡王朝中同制度的冲突。杨卡的小说被认为是现代斯洛文尼亚的散文，因为他采用了很多后现代的思想，比如反对机械化生产和采用跨越时空的互文手法，采用历史上出现的人物并将之融入新的故事情节和结构，目的是造成颠覆历史的效果。

尽管先锋艺术往往来源于左派艺术，经常遭到主流媒体的批判，但其在戏剧舞台上影响力比文学更加广泛。1959年剧作家杨米尼克·斯莫里为新戏剧的出现奠定了基础。以斯莫里为核心形成了一个小的剧院组织叫作"奥德57"，他们的代表剧目是《对消逝的反抗》。与一般的剧目不同，该剧中的主人公并未出现，而是通过其他人的叙述来展现她的反抗、牺牲和人性。这种用不在场来表现在场的手法，影射了当时斯莫里等人在政治高压下不得不转入地下活动的局面。"奥德57"俱乐部的演出经常以批判政治为题裁，或者专门针对传统文化中禁忌的话题，在20世纪80年代这股思潮更加明显。

20世纪80年代后，后现代主义在斯洛文尼亚得到广泛传播，卢布尔雅那是后现代主义传播的主要场所。所有后现代的理论著作，比如德里达、拉康等人的思想率先传入这里。这里充斥着各种声音，有的置疑当时的社会制度，有的反对可口可乐文化，有的甚至要求恢复哈布斯堡王朝。

这个时期出现了许多团体刊发的期刊，文化非常活跃。其中斯洛文尼亚共产主义青年团出版的期刊 Mladina 成为最具有广泛影响力的刊物。几乎一半的斯洛文尼亚成年人都在看这份杂志。Mladina 在每一期都会有一篇很有分量的社论或者是讽刺性风格的封面，成为每周人们议论的焦点。刊物以新闻调查为特色，发表政治和文化评论，漫画具有讽刺性。杂志的主旨是打碎一切的禁忌话题，用幽默滑稽的风格引发人们的思考。

20世纪80—90年代，斯洛文尼亚 Laibach 流行乐队曾经在国内外名噪一时。他们以怀疑、否定和解构为主旨的后现代思想作为其核心理念，用诙谐、玩世不恭的手法等强感官台风对东西方各种现存制度提出挑战，备受争议，被视为另类。

除了音乐，绝大部分的斯洛文尼亚文化都仅仅属于这块土地上的人们。本土文化以斯洛文尼亚为中心向内发展。在国际舞台上参卡尔的写作、史迪格里奇的电影和普列赤涅克的建筑作为该国的荣耀而存在，但更多的文化作品仅仅在本土上成为人们的精神财富。

有趣的是，走出斯洛文尼亚国门的不是它的传统文化，而是在传统文化中成长，而又打破传统文化的现代艺术。斯洛文尼亚的文化在反对教会的统治，反对在国际化中被同化的命运和世界上许多国家是一致的。在国家独立后，斯洛文尼亚作为一个小国，为了生存不得不走上国际化道路，但是要在国际化的过程中依然保留本土的身份和文化却面临着很多困难。

7. 主要艺术家简介

(1) 画家

①伊凡娜·柯比里察

伊凡娜·柯比里察是斯洛文尼亚现实主义女画家，作品多为油画和粉彩画。她的作品以人物肖像、静物写生、宗教等为主题，其代表作有《喝咖啡的人》《夏》等。她被视为是斯洛文尼亚最杰出的女画家，她的像被印在斯洛文尼亚面值5 000的托拉尔纸币上。

②伊万·格鲁哈

伊万·格鲁哈是斯洛文尼亚印象主义画家。他与画家理哈德·雅科比奇、马泰·斯特恩和马蒂亚·贾玛一起，被视为斯洛文尼亚印象主义画派的代表人物和先驱者。他以风景画和人物肖像画见长。他同时也是一位吉他手和歌手。1907年，他的代表作之一《播种者》问世。作品里，一位农夫在雾气弥漫的清晨在农田里播种，画面的背景中有斯洛文尼亚特有的干草架。该作品的寓意深远，象征着19世纪的斯洛文尼亚在封建王朝的暮年呈现出的迷茫，体现了当时斯洛文尼亚人民希望通过播种收获美好未来的愿景。该作品作为斯洛文尼亚视觉艺术作品中的代表作之一，出现在斯洛文尼亚面值5分的欧元硬币上。

③理哈德·雅科比奇

理哈德·雅科比奇是斯洛文尼亚画家，与画家马泰·斯特恩、马蒂亚·贾玛和伊万·格鲁哈一起，被视为斯洛文尼亚印象主义画派的代表人物和先驱者。他是斯洛文尼亚科学艺术学院的早期成员及斯洛文尼亚国家美术馆的发起人之一。斯洛文尼亚的最高美术奖——"雅科比奇奖"便是以他的名字命名的。他的肖像还被印在斯洛文尼亚面值100的托拉尔纸币上。

④马克思姆·格斯帕里

马克思姆·格斯帕里是斯洛文尼亚著名画家。他的作品主要包括油画、插图及明信片等，作品主题多为民俗及乡村生活。他曾在维也纳美术学院就读，后又赴慕尼黑求学。1913年，他到卢布尔雅那开展美术教学。1972年，他成为斯洛文尼亚科学艺术学院的成员。许多书刊的插图作品出自格斯帕里之手，1949年，他获得莱弗斯迪克奖之最佳原创插图奖。1953年，因绘画成就突出，格斯帕里被授予"普列舍仁奖"。

⑤祖兰·慕西奇

祖兰·慕西奇是斯洛文尼亚著名现代主义画家。他曾在萨格勒布美术学院就读。1945至2005年间，他曾在威尼斯和巴黎工作。他的作品主要有风景画、静物写生、肖像画及自画像等。他曾获得许多奖项，其中包括1956年威尼斯双年展大奖及1991年"普列舍仁奖"。

（2）建筑家

①马克斯·法比尼

马克斯·法比尼是斯洛文尼亚建筑设计师。他是将维也纳分离派这一新的艺术风格引入斯洛文尼亚的代表人物之一。他曾在维也纳科技大学主修建筑，后曾在维也纳大学执教。1895年，他为卢布尔雅那设计了城市发展规划。位于卢布尔雅那的普列舍仁广场及普列舍仁雕像都是马克斯·法比尼的作品。自2008年起，斯洛文尼亚在城市规划方面授予的最高奖项以他的名字命名。

②约热·普列赤涅克

约热·普列赤涅克是斯洛文尼亚著名的建筑设计师。他是卢布尔雅那建筑学院的创始人之一，曾在卢布尔雅那大学教授建筑学。他的代表作包括"三桥"、斯洛文尼亚国家和大学图书馆、保险公司大楼、扎莱公墓等。在建筑设计方面，他为首都卢布尔雅那做出了杰出贡献，他的作品赋予了这座城市以现代色彩。他的像被印在斯洛文尼亚面值500的托拉尔纸币上。

③乌拉迪莫·舒比奇

乌拉迪莫·舒比奇是斯洛文尼亚建筑设计师。在他设计的作品中,以位于卢布尔雅那的摩天大楼最为著名,这栋大楼于1933年完工,高70.35米,是当时南斯拉夫最高的建筑,也是卢布尔雅那这座城市的著名地标之一。

(3) 音乐家

①亚科布·佩泰林-加路斯

亚科布·佩泰林-加路斯是文艺复兴晚期的斯洛文尼亚作曲家。其一生作品逾500首,多为中世纪赞歌和牧歌。为了纪念这位音乐巨匠,斯洛文尼亚的一些建筑和地名以他的名字命名;斯洛文尼亚文化活动公共基金每年向杰出音乐家颁发的加尔鲁斯徽章也是以他的名字命名的。他的像还被印在斯洛文尼亚面值200的托拉尔纸币上。

②路茨扬·玛利亚·什克尔亚涅茨

路茨扬·玛利亚·什克尔亚涅茨是斯洛文尼亚作曲家、指挥家及音乐家。他曾为包括钢琴、小提琴等多种乐器作曲。他的作品风格体现了表现主义和印象主义的特点,是后浪漫主义的代表。什克尔亚涅茨是20世纪斯洛文尼亚音乐界重要的代表人物。他曾四次被授予"普列舍仁奖"。此外,他还曾获"奥地利赫德奖"和法国学术界棕榈叶勋章。他还是斯洛文尼亚科学艺术学院的成员。2001年,斯洛文尼亚发行邮票纪念这位音乐巨匠。

③马里安·科茨那

马里安·科茨那是斯洛文尼亚作曲家,斯洛文尼亚科学艺术学院成员,20世纪伟大的作曲家之一。他的作品包括交响曲、歌剧、芭蕾舞乐曲、电影配乐等。1948年,科茨那被授予"普列舍仁奖"。1956年,在普拉电影节上,获得最佳电影配乐奖。斯洛文尼亚授予指挥家的最高奖项——"科茨那奖"就是以他的名字命名的。

④伊列那·格拉菲那乌埃尔

伊列那·格拉菲那乌埃尔是斯洛文尼亚长笛演奏家,八岁便开始接受音乐教育。1974年他毕业于卢布尔雅那音乐学院;曾在国家比赛中数次获得金奖,也是目前唯一获得"普列舍仁奖"的乐器演奏家。

(4) 舞蹈家

①皮诺·姆拉卡尔

皮诺·姆拉卡尔与夫人皮亚·姆拉卡尔都是斯洛文尼亚著名的芭蕾舞演员和舞蹈编导。1927年,皮诺·姆拉卡尔毕业于汉堡的鲁道夫·拉班舞蹈学院。1946年至1960年，他效力于卢布尔雅那歌剧芭蕾公司。皮诺·姆拉卡尔也是一位大学教授，在卢布尔雅那大学执教多年。

②伊斯托克·科瓦奇

伊斯托克·科瓦奇，斯洛文尼亚著名舞蹈家，1993年在比利时创立了"恩科那普"舞蹈公司，1994年迁至卢布尔雅那。曾赴多国进行访问演出，并在英国、瑞典、以色列、斯洛伐克、瑞士、荷兰等国举行的舞蹈大赛中获奖。

（5）剧作家和电影人

①安东·托马日·林哈尔特

安东·托马日·林哈尔特是斯洛文尼亚著名剧作家。1789年12月28日，由他改编的喜剧作品《市长女儿——米茨卡》首次在剧院公演，标志着斯洛文尼亚戏剧的诞生。这也是首部用斯洛文尼亚语编排的喜剧及戏剧作品。

②卡罗尔·格罗斯曼

卡罗尔·格罗斯曼是斯洛文尼亚电影的先驱，1905年制作了斯洛文尼亚首部文献片，斯洛文尼亚电影由此开始发展。2005年，斯洛文尼亚电影100百周年诞辰之际，推出了格罗斯曼魔幻电影和葡萄酒节。这一节日正是以这位斯洛文尼亚电影先驱命名的。值得一提的是，这一电影节别具一格，因其参评的不仅有电影，还有葡萄酒。最佳葡萄酒通常是由参加电影节的嘉宾评选产生的。

③梅托德·巴久拉

梅托德·巴久拉是斯洛文尼亚电影导演、摄影师和电影编剧。他是斯洛文尼亚著名的文献片导演。斯洛文尼亚的最高电影奖"梅托德·巴久拉奖"便是以他的名字命名的。

④弗朗斯·斯蒂格利奇

弗朗斯·斯蒂格利奇是斯洛文尼亚电影导演和电影编剧。由他导演的电影《在我们自己的大地上》，是斯洛文尼亚第一部有声电影长片，该片入围1949年戛纳电影节。另一部由他执导的电影《第九圈》获第三十三届奥斯卡最佳外语片提名，并入围1960年戛纳电影节。

第六章 社会

第一节 人口与民族

斯洛文尼亚人口有206.6万（2017年10月），主要民族为斯洛文尼亚族，约占83%。他们主要是公元6世纪来此定居的斯拉夫人。少数民族有匈牙利族、意大利族等。意大利人主要生活在西南部；匈牙利人主要分布在东北部地区的普利科姆。罗姆人也是土生土长的斯洛文尼亚人，他们大多生活在斯洛文尼亚东北部，或分散在斯南部靠近克罗地亚边境的地区。1991年南斯拉夫社会主义联邦共和国解体后，许多移民从其他南斯拉夫加盟共和国（主要来自波黑等地区）来到斯洛文尼亚。尽管在语言和种族关系上，他们是同居于巴尔干半岛的斯拉夫人，但是在文化上，由于历史和地缘等关系，斯洛文尼亚人同德国人、奥地利人更为接近。

在20世纪的下半叶，斯洛文尼亚经历了农业社会到非农业社会的剧烈转型。然而直到20世纪70年代，斯洛文尼亚的人口增长并不像欧洲其他地方那样大。斯洛文尼亚人在第一次世界大战和第二次世界大战期间大量流向北美和南美国家。在社会主义时期，从巴尔干半岛贫穷的地区转移到斯洛文尼亚中部和西部高度工业化的地区的人口维持了该国的人口水平。在南斯拉夫社会主义联邦共和国解体之后，进入斯洛文尼亚的移民人数就更多了。此外，克罗地亚、波黑等地区的冲突使大约70 000难民和寻求庇护者涌入斯洛文尼亚。到21世纪初，进出斯洛文尼亚的移民几乎相互平衡，人口大致与1991年相同。

与欧洲中部和东部大部分地区一样，斯洛文尼亚人口老龄化明显，其出生率是欧洲最低的。斯洛文尼亚人的预期寿命，男性约为76.93岁，女性约为83.13岁。

第二节　宗教

斯洛文尼亚居民主要信奉天主教，另有部分居民信奉东正教、伊斯兰教等。

从历史上看，8世纪开始基督教在斯洛文尼亚广为传播，当时居住在该地区的斯拉夫部落信奉基督教。整个封建王朝时期罗马天主教会一直对该地区保持着控制，直到1945年保守的天主教徒离开斯洛文尼亚。之后第二次世界大战期间，天主教会与德意法西等占领者有过合作。第二次世界大战后，由于受到工业化、资本主义和消费主义的影响，人们的宗教习俗被动摇。

斯洛文尼亚的大部分人口目前仍然属于罗马天主教会。在21世纪初，确定的宗教信仰数字相对于1990年有所下降——从斯洛文尼亚人口的五分之四下降到五分之三。除罗马天主教徒外，该国目前还有数十个其他宗教团体，约占总人口的百分之一。

1970年，穆斯林和东正教的宗教团体来到斯洛文尼亚定居。几年后，这些团体扩大了影响力，改变了斯洛文尼亚人较为单一的宗教信仰。许多东正教教堂在首都卢布尔雅那和斯洛文尼亚东南部地区被发现。另一方面，虽然经过多次劝说和抵制，斯洛文尼亚政府最终还是承认了在该国修建的第一座清真寺。

斯洛文尼亚人有宗教信仰自由，其宪法没有强迫其公民宣布他们的宗教或没有宗教信仰。这个国家大约有23%的人拒绝明确划分他们的宗教信仰，3.5%的人完全不信仰宗教。

第三节　传统风俗

斯洛文尼亚人勤劳、智慧，勤俭持家，家庭观念强；在与人交往中彬彬有礼，信守诺言。居民对葡萄酒情有独钟，而悠久的酿酒历史形成了斯洛文尼亚独特的"酒文化"。

斯洛文尼亚人见面礼节以握手为主，拥抱、亲脸、贴面颊等仅限于亲人、熟人之间。在公共场合，关系亲近的妇女之间亲脸，男子之间抱肩拥抱，男女之间贴面颊，晚辈对长辈亲额头。

斯洛文尼亚男子的民族服装主要是衬衣和长裤，加上背心、短外套、帽子等。妇女的民族服装为绣花或有花边的短衬衣、背心、裙子、围裙、腰带、头巾，但日常生活中已看不到此类传统服装。

1. 阿尔卑斯地区史前湖岸木桩建筑

阿尔卑斯地区史前湖岸木桩建筑分布在瑞士、奥地利、法国、德国、意大利和斯洛文尼亚六国。2011年作为文化遗产列入世界遗产名录。这一文化遗产包括位于阿尔卑斯山区内外的湖边、河岸及湿地边的111处史前木桩建筑遗迹，其中有2处位于斯洛文尼亚。这些小型定居点建于约公元前5000年至公元前500年。在斯洛文尼亚的卢布尔雅那沼泽地发现的木制车轮及车轴，据估算，距今有5 200年历史，对史前湖岸木桩建筑的研究具有重要价值。

2. 干草架文化

斯洛文尼亚是一个多元文化国家，尽管随着现代文明的发展，居民的生活已经发生了很大变化，但许多地区仍然保持着其传统文化和习俗。在斯洛文尼亚，干草架这种原始的农业工具如今仍随处可见，人们用它来风干和储存干草及其他作物。干草架被视为斯洛文尼亚本土建筑中别具特色的一道风景线。

斯洛文尼亚著名印象派画家伊万·格鲁哈的代表作《播种者》中，一位农夫在雾气弥漫的清晨在农田里播种，画面的背景中就有斯洛文尼亚特有的干草架。该作品作为斯洛文尼亚视觉艺术作品中的代表作之一，出现在斯洛文尼亚面值5分的欧元硬币上。在斯洛文尼亚东南部的森特鲁伯特，有一个露天博物馆，专门向人们展示各种类型的干草架，其中年代最久远的可以追溯到1795年。

3. 手工艺传统

斯洛文尼亚的一些地方，如伊德里亚、里布尼察以及普里克莫耶等，至今仍保留着民间手工艺传统。伊德里亚不仅因汞矿而闻名，也是蕾丝的主要产地。1876年，在伊德里亚成立了一个花边编织学校，直到今天仍然存在。每年7月的第3个周末，伊德里亚都会举办为期3天的伊德里亚蕾丝节。节日期间，不仅有来自世界各地和斯洛文尼亚国内的蕾丝制品展出，还有国内外蕾丝纹样的交流会。里布尼察的木制工艺品以及普里克莫耶的陶瓷工艺品也颇具民俗特色。

4. 养蜂文化

斯洛文尼亚有着长达数百年享誉世界的养蜂传统，可以说养蜂业是斯洛文尼亚文化的一个重要分支。在过去的数百年里，蜜蜂一直是斯洛文尼亚人的朋友，蜂蜜提供的是甜味剂，蜂蜡是制作蜡烛的必需品。蜜蜂被饲养在木制的蜂房中，这有利于蜂群冬季躲避风雪严寒，夏季消暑纳凉。然而，由于巢门过于密集，蜜蜂迷巢现象严重。从18世纪开始，养蜂人在巢箱上绘画，不同蜂箱设计的图案各不相同，以此来帮助蜜蜂辨识蜂巢。早期的蜂箱画主题多为十字架、圣母、圣人等宗教题材，养蜂人希望借此守护蜜蜂与蜂箱。发展到后来，蜂箱画作为一种民间艺术表达形式，绘画主题更为多元，成为当时人们用来记载重要事件或表达思想和情感的一种途径。

位于斯洛文尼亚西北部的拉多夫利察，设有蜜蜂博物馆，在那里可以欣赏颇具斯洛文尼亚民俗特色的蜂箱画，了解斯洛文尼亚的养蜂传统与文化。2015年4月，斯洛文尼亚养蜂协会率先发出倡议，提议将每年的5月20日定为世界蜜蜂日。后经2015年9月15日至20日在韩国大田召开的"第四十四届国际蜂联国际养蜂大会暨博览会"讨论，决定接受斯洛文尼亚的建议，把每年的5月20日定为世界蜜蜂日。

5. 交际礼仪文化

（1）商务交际礼仪

斯洛文尼亚人喜欢面对面直接交流，认为这样可以一边观察对方，一边判断可以信赖的程度。回避对方目光常被认为缺乏兴趣或者不够坦诚。首次见面双方都会非常礼貌，并遵守会议程序，随着关系发展，这种正式程度会降低。

语言和称呼在商务活动中很重要。斯洛文尼亚人除了母语之外，一般会讲几种外语，首要的是英语，其次是意大利语和德语。讲一些当地简单的日常问候语会给对方带来惊喜，比如：你好、早上好、谢谢、再见等。由于斯洛文尼亚人喜欢很正式的商务交往方式，因此和他们交往最好同样用正式的方式，甚至是更加正式的方式。斯洛文尼

第六章 社会

亚人的交际方式比较直截了当,这一点像德国人。斯洛文尼亚语种对"你"的说法有单数的不正式形式以及复数的正式形式两种。在称呼对方的时候最好使用正式的表达。要称呼对方姓氏,而不要用名字,直到对方请你使用他的名字。在斯洛文尼亚商业圈中对人的称呼习惯用"职位"+"姓"。比如:"Golob博士";或者"Znanosti教授",或者"Mr. Director"。

建立信任关系是商务往来的重要法宝。同很多国家一样,和斯洛文尼亚人打交道要先建立私人联系,获得信任,然后彼此了解。同潜在客户联系一般先通过邮件或者传真,一旦建立关系,很容易获得口头的合同,然后建立书面合同。书面合同条款要写得清楚明了,以便双方遵照执行。

斯洛文尼亚人时间观念强。认为不守时的人很不礼貌,或者没有教养。如果确实无法准时出席,要先电话道歉。同时在该国做生意要时刻注重环境保护。斯洛文尼亚环境署负责城市空间规划和环境检测和治理,一方面对环境不达标企业给予经济惩罚,另一方面鼓励生产技术的提升和设备更新。国家为公共交通设施投入大笔资金,提高垃圾处理和水处理的质量,在每一条街道提供垃圾分类回收点。由于法律和教育的变化,人们对环境保护越来越重视。

斯洛文尼亚人很重视商务着装,在衣着设计和首饰上花费很多时间和资金。他们认为穿着得体是社会地位的体现:富有和成功,也是个人品位和特色的体现。在商务场合,斯洛文尼亚人穿着正统而保守。男人穿深色西服或者马甲,配正装的裤子。女人穿着同样正式。一般的公司有自己的着装要求,大的公司一般要求着装正式,小的公司会比较随意。

(2) 文化禁忌

文化、体育、风景等旅游话题总是很安全的话题。斯洛文尼亚的乡村风光很美,所以在交谈时可以向对方咨询在什么地方有好的景点以及可以做什么活动。斯洛文尼亚人不喜欢提及第二次世界大战历史,不喜欢同南斯拉夫解体后的其他国家做比较。他们认为自己属于欧洲中部的国家。不要当着斯洛文尼亚人的面去批评你的竞争对手。尊重自己的竞争对手是斯洛文尼亚人的原则。不要把工作和娱乐混在一起。不要打听八卦新闻或者私密的话题,尤其不要问你的雇主的经济状况。

(3) 商业会晤技巧

首次会晤一般没有正式的日程安排，只是用来彼此认识，判断是否将来可能有更多的合作。一般要会晤几次之后，才有可能见到公司顶端的决策者。

①安排商务会议要遵循一定程序。要事先给斯洛文尼亚公司几个可供选择的日期，说明安排会议的原因，并提出希望对方参加的人员。会议一般要避开7月和8月，因为这个时间公司度假的人多。如果想要一个快速的决定，最好在邀请函中有决策者，并确保双方参加会议的人地位对等。在安排会议的时候要提供自己一方参加会议人员的名字和简介，以便于对方安排合适的人参加会谈。要尽可能和对方确认好会议的时间、地点和参会人员名单。会议安排的最佳时间是上午9点到12点。斯洛文尼亚人吃午饭的时间一般是12点到下午3点。偶尔也会有"晚午餐"，即下午3点到5点之间。会议的主办方有义务准备会议场地、设备和茶歇。

会议要提前指定使用语言，并最好有翻译人员在场，以便必要时候提供帮助。需要使用翻译人员的相关发言稿件要提供给对方。对大多数的会议，需要准备市场推广材料和产品样品及其他支持性文件给主办方。外国公司里面最好能有一个斯洛文尼亚的本族人在管理层，尽管当地的相关机构、咨询和法律公司都很多。

②谈判过程中斯洛文尼亚人喜欢直截了当的方式。如果希望合作成功，就要创造双赢的局面。斯洛文尼亚年长的管理者喜欢慢慢做决定。他们不喜欢被催促，讨厌咄咄逼人的谈判方式。他们喜欢和自己同龄的人沟通。即便不能同客户建立深厚的感情，他们也会努力创造和谐幽默的氛围。年轻的管理者喜欢西方化的谈判方式，因为他们中很多人在西欧和美国接受过教育。

如果做会议发言，就要事先对市场有充分的调研，保证你的发言证据充足并能使斯洛文尼亚人参与讨论。重要的一点是要讲明合作者的利益所在。为证实他们具有良好的信誉，斯洛文尼亚人会提供他们信誉良好的参考资料，同时也希望对方提供可供参考的资信证明。同官方的合作往往比同私人公司的合作效率要低一些。想获得生意机会，产品和服务质量以及弹性的价格是三大要素。一旦达成了口头合同，斯洛文尼亚人希望书面合同能尽快签订，合同中要包括详细的条款，合同要非常正式。

会议礼仪很重要。商务会见时要同客户保持目光交流，微笑，握手有力，清晰地自我介绍，并提供商务名片，正面朝上。直接目光交流和微笑可以传递真诚和值得信赖的信息。要先同女士握手，然后同男士握手。同斯洛文尼亚人交往要保持一定身体距离：1~1.5米。避免过于亲热的举动，比如拥抱、接吻或者拍别人的背。当第一次见面相互介绍的时候，要称呼对方的姓和正式的职位，以表示对对方的尊重。如果称对方的名字，则表示关系非常熟悉。

③对斯洛文尼亚人，建立人际关系是商业合作的第一步。会议主持必然是斯洛文尼亚最年长的人，他们会决定会议的节奏和主要的谈判内容。在会议期间会有咖啡、果汁或者三明治供应。倘若你被邀请参加会后的晚宴，你应该接受邀请。晚宴是建立人际关系和创建进一步发展商业合作的机会。

④商务会谈后的感谢信很重要。商务会议以后，会议的主办方要准备详细的会议备忘录，包括会议的要点总结，将要采取的行动和截止日期。倘若双方同意继续商业伙伴关系，会有一个时间表列出双方应承担的义务、截止日期和将来会晤的地点。若有一方想退出商业合作，他们可以在这个早期阶段退出联系。无论商务谈判是否成功，都有义务感谢对方的时间和付出的努力。

⑤商业用餐在建立良好的商业关系中至关重要。斯洛文尼亚人喜欢商务宴会。对他们来说，边吃边聊更有益于在轻松的氛围中来讨论重要的主题，并且能够更好地了解合作伙伴和同事，建立人际关系。斯洛文尼亚人喜欢同熟悉的人做生意，所以社交场所是做重要决定的地方，而后续的合同细节还是要在谈判桌上完成。商务午餐和晚餐的着装一般都很正式。

⑥自信、坦诚而谦逊的会晤风格会受到斯洛文尼亚人的喜欢。有意见直接表达，也希望对方允许斯洛文尼亚人对自己的想法开诚布公。谈判桌上的平等、尊重和坦诚是谈判的原则。

⑦赠送礼物是必要的，但不要太贵重。小的纪念品可以接受，比如旅游小册子、葡萄酒或者公司的礼物。礼物通常是在会议结束的时候送给对方，大多数公司对礼物的价值有一个上限，超过了要报送上

一级部门，或者拒绝接受，否则会以受贿论处。

6. 青年文化

斯洛文尼亚现在的年轻一代人成长在独立后的国家，他们经历了经济动荡萧条的十年，国家就业率很低，甚至大学毕业生也不能保证一份稳定的工作，多数人收入很低，甚至面临失业危险。年轻人是跨文化交际的主体，代表未来的国家文化的趋势。

（1）娱乐生活

在现代社会，娱乐时间所占比例越来越大。娱乐在传统上被定义为在自由的时间内从事喜欢的活动。积极而健康的娱乐活动是由家长、媒体和政府共同塑造的。不同的生活方式能够通过娱乐活动方式来表达。娱乐方式也是年轻人用来表达自己身份的方式。

斯洛文尼亚青年日常娱乐活动的方式，降序排列如下：使用电脑与朋友/同伴社交、与伙伴出游、看电视和逛街购物。有关闲暇时间的具体活动排序如下：运动，探亲，去电影院、剧院、音乐会，唱歌，表演，演戏，家庭旅行，志愿者活动及其他。

听音乐是所有青年最喜欢的活动。音乐可以与其他活动一起进行（如与朋友闲逛、运动等）。年龄偏大的年轻人会选择独自进行的活动，比如读报纸或者看书；年龄小的选择出游和听音乐。活动方式和性别也有关系，女孩子多喜欢听音乐、读书，男生多喜欢运动和玩电脑游戏。

（2）时尚观念

斯洛文尼亚青年认为"有事业"（82%）、"独立"（81%）、"有大学学位"（81%）和"好看"（78%）是最时髦的生活方式。有趣的是，前三项被认为是斯洛文尼亚的问题领域。过去几年来，青年失业率高，经济不能独立，长期和父母在一起生活是普遍的社会问题。第五个时髦的品质是"承担责任"，反映出这个国家还是比较传统的。第六，"看起来不错"可能被理解为一个社会指标，反映出融入社会价值观的能力和意愿。在经济危机比较严重的时期，有事业和经济独立，承担责任确实是社会缺乏的品质，并且体现出人们寻求改善的一种积极态度。"忠诚"，一个很传统的观念，排在第七位。最后是"健康饮食"。一半以上的斯洛文尼亚青年认为这八个指标是"潮"的生活方式。

（3）消费观念

消费方式是考察现代社会中生活方式的突出领域。

在斯洛文尼亚的年轻人中，年龄稍微大点的在电话、交友、看电影和买书上的钱比年龄小的花费多。而男青年比女青年在交友和社交上消费多；女生更喜欢买书，她们在看书上花费的时间也多。受教育程度高的年轻人在所有的物品消费上都比较高，但是他们并不买很多的衣服。年轻人中如果他们的父亲受教育高，则交友花费高；而如果母亲受教育程度高，则买书比较多。

（4）媒体的使用状况

82%的年轻人使用电子媒体获取信息。斯洛文尼亚网络覆盖率在青年人口中占99.8%。2013年的统计数字显示年轻人平均上网的时间是每天3.9小时，这个数字要比其他国家高。其中44.5%的年轻人是过度上网的人群，研究显示长时间的上网会导致很多健康方面的问题。使用网络的活动中，最主要的是和他人交流，包括脸书（Facebook）、Hi5等社交网络的使用（86%）。用来发送电子信件占84%；看电影、听音乐、搜索信息等占70%；电子游戏占35%；28%的时间用来工作；网络购物占25%。女性青年和受教育程度低的人最经常的网络活动是交友。教育水平高的青年多上网处理邮件，打理银行账务等。女生上网最多的活动是收发邮件、交友和购物；男生最主要的活动是网络游戏。女生比男生参与社交网络的时间更长，更容易建立虚拟的社交关系，并会熬夜上网。

看电视依然是主要的娱乐方式。斯洛文尼亚的青年人大约每天花两小时看电视。最受欢迎的电视节目是情景喜剧、电视连续剧和动作片。最不受欢迎的节目是宗教宣传节目、当地的娱乐节目和流行音乐节目。在电视节目里面，国外电视节目比当地节目更受欢迎，比如：国外的动作片、恐怖片、歌曲和体育节目收视率都很高。详情如图6-1所示。

一些当地学者调查认为，斯洛文尼亚的媒体自由度很小。媒体易受到政治团体、经济利益等干预，故受众对媒体的信赖度不高。大约有36%的年轻人对媒体不信任。周围国家和地区只有克罗地亚的不信任度（40%）高于斯洛文尼亚。

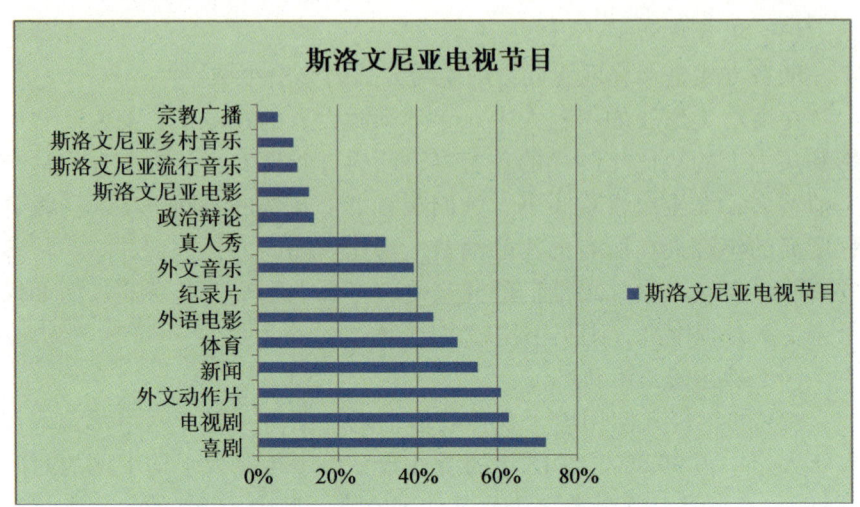

图6-1　斯洛文尼亚青年（16—27岁）看电视节目内容

数据来源：CEPYUS-FES Slovenian 2013 Youth Study。

（5）对待外国人的态度

对外族人的恐惧和排斥是一个全球性的问题。调查显示，斯洛文尼亚人对外的排斥程度从高到低的排序依次为：罗马天主教徒、同性恋者、来自巴尔干半岛的外族人、美国人、来自其他国家的留学生和来自欧洲其他国家的人。

斯洛文尼亚人最不喜欢的是罗马天主教信徒，罗马天主教信徒和斯洛文尼亚人在历史上的冲突造成了文化融合的困难。

对同性恋家庭的态度在这几年发生了很大转变。2012年斯洛文尼亚曾经发起关于同性恋家庭是否可以收养孩子的提案投票，有一半的人反对该提案，因此未能通过。但是越来越多的年轻人开始接受同性恋者和他们组成的家庭了。

年轻人对巴尔干半岛其他国家的人态度很友好。这一点显示出国家分裂时造成的心理伤害已经得到愈合。

斯洛文尼亚人比较容易接受的是来自欧洲其他国家的人，比如法国人，其次是美国人和来留学的学生。

（6）价值观取向

价值观是一个社会中稳定的个体和群体的心理特征。价值观由社会环境决定，表现在外在的行为方式和行为目的。调查研究显示，如

第六章 社会

表6-1所示，对年轻人来说，价值观按照重要性排序分别是：个人尊严、社会地位、帮助他人、物质财富、宽容、奋斗精神、思想正确、行为正当、创造力。

表6-1 斯洛文尼亚和克罗地亚年轻人价值观取向调查

重要的价值观	斯洛文尼亚年轻人	克罗地亚年轻人
个人尊严	33.8	42.8
行为正当	31	8.5
奋斗精神	7.9	12.5
宽容	7.8	8.3
帮助他人	7.1	11.7
社会地位	4.8	8.8
创造力	3.8	2.7

数据来源：IDIZ-FES Croatian Youth 2012 Study; CEPYUS-FES Slovenian Youth 2013 Study，调查人口为16—27岁年轻人，问卷为多项选择，可以选三项。

从上述调查可以看出，在中东欧国家中，斯洛文尼亚是受后现代思想影响最多的一个国家，年轻人追求个人价值的实现。但是从"行为正当"的高得分上，可以看出年轻人还是受到政治正确的影响，追求社会的认同的，价值观比较统一。与斯洛文尼亚的邻居克罗地亚相比，两个国家的年轻人在"个人尊严"和"行为正当"上差别很大：克罗地亚的年轻人更加注重"个人尊严"，但是他们不认可"行为正当"。

（7）社会信任度和宗教归属感

社会信任度是现代社会的一个综合实力，是保持社会持续进步的一个指标体系。

对斯洛文尼亚人来说，最值得信赖的是家人和朋友。这一点在大多数文化中都是一样的。

据调查，该国另外一个特点是年轻人表现出对所有社会组织的不信任。这一点表现出斯洛文尼亚社会制度需进一步完善，公民的信任度有待提高。斯洛文尼亚由于受到转型时期的社会动荡的影响，人们对社会制度和彼此之间的信任经受到打击。信任度和个人的经济、社会状况也有关系：经济状况好和社会地位高的人对社会的信任度高。宗教信仰和信任度之间也有关系，信仰基督教新教的人比天主教信徒的社会信任度高，而天主教教徒比没有宗教信仰的人更加相信他人。

在宗教信仰上，虽然年轻人中信仰宗教的人越来越少，但有三分之二的斯洛文尼亚青年人承认自己信仰天主教。在这些人群中，一年中去教堂做礼拜的年轻人约有三分之一。但是这个人数在逐年减少，而且很多人仅仅在节日的时候才去教堂做礼拜，上帝在他们心目中并不重要，同时他们的行为受宗教教义影响的程度很低。在年轻人中世俗化的趋势很明显。在斯洛文尼亚的邻国克罗地亚，信基督教的年轻人比例是斯洛文尼亚的两倍。

（8）家庭观念

现代欧洲人选择传统家庭生活模式的越来越少，年轻人选择独身、晚结婚或者丁克家庭的越来越多。虽然在欧洲内部，国家和国家之间的差异是存在的，但青年人在对待家庭的态度上越来越趋同。婚姻成为众多现存社会制度中的一种，比如在人口登记部门的婚姻状况一栏中不仅有已婚和未婚，还出现了同居的选项。同性恋家庭在越来越多的国家被合法化。在很长的时间内，家庭中人口的数量一直在减少。这一点对斯洛文尼亚人来说同样适用，但是年轻人同父母在一起的时间明显延长了。单身的斯洛文尼亚年轻人很少，16—25岁的年轻人中只有1%选择独自生活，而这个数字在德国是13%。在是否喜欢独立生活上，北欧人和南欧人有差异。南欧的年轻人普遍喜欢和父母一起居住更长的时间。这种状况在斯洛文尼亚很典型：在2011年欧洲国家调查数据中，62%的18—34岁的斯洛文尼亚年轻人和父母居住在一起，而这个数字在欧洲的27个国家中仅为45%。斯洛文尼亚和父母同住的年轻人数量远远高出平均水平。

家庭事务的决定方式也有自己国家的文化特点。尽管斯洛文尼亚的年轻人和父母居住在一起，但大多数的事务是由他们自己决定的。这些事务小到买一双袜子，大到是否继续接受教育。

在具体的决定权中，妈妈是家庭的中心和主要的决策人，年轻人会征求妈妈的意见。斯洛文尼亚和克罗地亚在这方面比较一致。在现代社会中，母系的血缘和情感的影响越来越大。

斯洛文尼亚在家庭决策权上表现出女性主义倾向，母亲在家庭中有47%的决策权。父母的决策权力和他们的受教育程度相关，学历越高的父母在家庭中决定权越多。在"独裁型家庭"中，父亲对孩子的影响力大，而在"权威型家庭"中，母亲对孩子的影响力大。

（9）伴侣关系

尽管抚养孩子需要稳定的家庭关系，而现代社会的伴侣关系并不稳定。宗教、风俗，甚至法律都不再对伴侣关系做出约束。两个人组建的家庭只能靠感情维系，婚姻经常处于一种"正常的混乱"中。这种社会现象与传统社会截然相反，在传统的社会中婚姻受到严格的社会制度规范，无论是道德、宗教还是法律，都保护这种稳定的社会细胞，夫妻双方要至死才分离。导致婚姻关系不稳定的因素有离婚制度、男性的工作方式和女性的工作方式。斯洛文尼亚婚姻中实际上存在很多分居的家庭。

在对青年的未来婚姻关系的调查中，研究人员发现在斯洛文尼亚只有不到三分之二的年轻人表示他们愿意结婚。有四分之一的年轻人表示他们对婚姻不感兴趣，这个比例是克罗地亚的四倍。在欧洲，虽然婚外的伴侣关系等同于婚姻关系，但是同法律内登记过的婚姻关系或者是伴侣关系还是有区别的。从调查结果看，和其他国家相比，斯洛文尼亚的结婚人数比例很低，多年来保持在倒数第一或第二的位置。

受过良好教育的父母对婚姻的愿望比其他人更低。

如图6-2所示，在对未来伴侣品质的要求上，斯洛文尼亚仍然表现出很高的个人主义倾向。对斯洛文尼亚青年人来说，最不需要考虑的是对方是否贞洁，他或者她的出生地区、国籍、宗教和经济状况。对方的受教育程度也不重要，仅仅排在第四位。这一点和传统的观念完全相左，他们也不要求两个人受教育程度相匹配，对父母是否同意也不太关心（重要性排第五）。当这些因素都不重要的时候，斯洛文尼亚青年为自己的择偶范围敞开了自由主义的大门。他们重视对方的人品、共同的爱好、兴趣和外表。从男生和女生对伴侣的特征要求上看，斯洛文尼亚的女生对男生的要求明显要高于男生对女生的要求，体现出女生对婚姻的认真态度和重视程度。

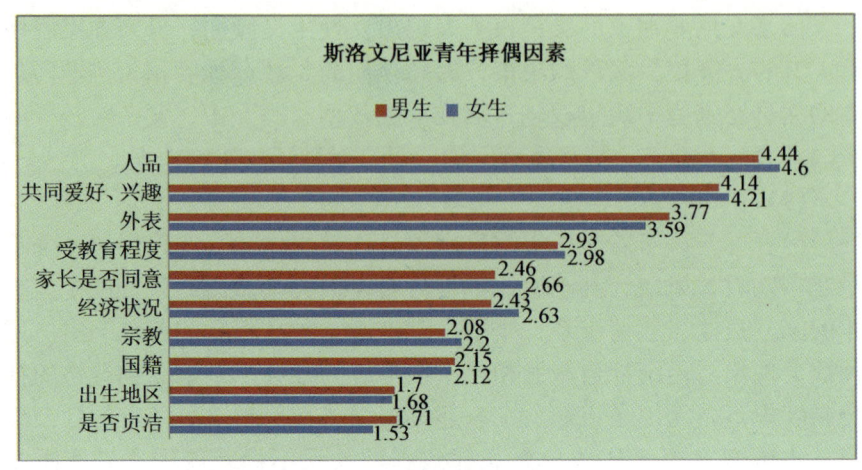

图6-2　青年择偶因素

数据来源：CEPYUS-FES Slovenian 2013 Youth Study。

（10）进入婚姻的年龄

在婚姻问题上首先需要考虑的是是否要结婚，是否要生育儿女。在东欧国家，传统上人们结婚很早。现代社会中，婚姻越来越成为自己的个人行为。在东欧国家中，斯洛文尼亚人理想的婚姻年龄要晚得多，他们希望留出更多的时间给伴侣关系，或者等自己经济状况的成熟。对斯洛文尼亚人来说，晚结婚对社会有一定好处，因为年轻人工作不稳定，受教育机会可以更多，同时还可以和父母继续发展和谐温暖的家庭关系。较低的结婚意愿，导致斯洛文尼亚同居的年轻人并不多，该比例仅仅高于希腊，在欧洲排倒数第二位，而且这个数量还在下降。

越来越多的斯洛文尼亚年轻人选择不结婚或者晚结婚（五分之二）。从2008年以后，选择同居的年轻人越来越少。在家庭中，年轻人对自己的事务负责，不依靠父母。但是个人主义也没有在年轻人生活中占有主导性位置。他们依然希望组成家庭，同时在家庭中保留自己的独立存在。

（11）教育观念

获得独立之后，斯洛文尼亚普及了自己的基础教育和高等教育。建国后，斯洛文尼亚高等教育的规模以年均10%的速度增长，直到2011年接受高等教育的人数才有所下降，主要是由于受欧债危机的影响经济持续低迷，年轻人看不到受高等教育和就业之间的关系，有的人放弃了高等教育。尽管如此，斯洛文尼亚接受高等教育的人数比例依然高于欧洲的平均水平。

然而，斯洛文尼亚的年轻人受过高等教育并不意味着就能找到工作，或者说能找到自己专业范围内的工作。受高等教育人数的多少和经济发展之间的联系并不紧密。斯洛文尼亚投入在高等教育上的费用远高于欧洲的平均水平，但大学的质量排名依然处在欧洲的中游位置。

2012年通过QS质量认证的斯洛文尼亚大学只有一所。大学的师生比例也低于欧洲的平均水平。在斯洛文尼亚大学中，学习理科和工科的人数比例要高于欧洲其他国家，而学习社会科学的比例要低于其他国家。但是这一点并没有促进就业形势的好转。

斯洛文尼亚大学主要是公立大学，私立学校也接受政府的资助。私立学校大学生人数占全部大学生人数的16.1%。越来越多的年轻人选择去国外读大学，一是考虑到教育质量，二是考虑到更宽泛的就业机会。

对于高等教育的难度，斯洛文尼亚学生一般表示很容易，不构成挑战。斯洛文尼亚的大学教学宽松是给学生的普遍印象。比起其他东欧国家的学生，他们投入学习的时间最少。在专业选择上，早先，斯洛文尼亚青年偏好社会科学和商科，而对自然科学和工程科学不是很喜欢。然而，随着时间的推移，这一状况发生了变化。在高等学校的学习比例中，2008年以前，学习数学、计算机、工程、建筑等硬学科的高等教育学生数量从总人数20%上升到了25%，但是这个比例要低于欧洲的平均水平；从2008年之后自然科学的学习人数超过欧洲平均水平。从2002年起斯洛文尼亚学生学习社会科学、商业和法律的人数从40%降低到2011年的35%，而欧洲的平均水平是35%，也就是说，在从2002年到2011年的十年间，他们纠正了社会科学学习人数过多的现象。但是如上文所述，学科结构调整并没有明显地促进经济的发展。

（12）青年就业状况和流动性

斯洛文尼亚近年的就业状况和从前大不一样，长期稳定的工作在减少。1991年建国初期，国家政治经济转型导致失业率增高，到1994年之后逐渐下降。但是2007年后受欧债危机的影响，失业率又持续高涨7年，之后缓慢下降。2017年失业率下降到9.1%，达到2009年以来的最好水平。失业人数降到8.4万，就业人口达到85万。制造业和建筑业就业人数增加最多。

无论宏观经济形势背景如何，年轻人始终是失业大军中的主力。这个现象可以这样理解，年轻人处在从学校到工作岗位的转换时期，当经济形势不好的时候，公司裁员不断，不会吸纳青年人。其次年轻人往往只能找到临时性工作，如果公司裁员，他们一定成为被裁员对象的首选。

失业人口中女性比男性多。越年轻的人口，失业比例越高。失业比率和受教育程度联系紧密，50%的失业人口受教育的程度只有小学。而受过高等教育的人口中失业比例很小。同时城市规模越小，失业比例越高，卢布尔雅那这样的大城市失业人口比例是城市中最小的。

高等教育和职业教育是缓冲就业压力的场所。根据2010年的调查，在欧洲国家中斯洛文尼亚的入学比例是最好的，该国在欧洲各国中失业率也是比较低的，同时该国完备的教育体系为放缓就业提供了很好的缓冲区域。但是近年来在持续的高等院校扩招的影响下，就业和教育之间的关系变得不那么明显了，劳动力市场上对受过高等教育训练的学生已经出现了饱和。

在劳动力市场上还有一个性别比例不平衡的问题，而且这个比例越来越失衡。2000年斯洛文尼亚16—27岁的男青年中就业人数占总人数的45%，女性就业人数占总人数的42%；两者的比例基本均衡。2010年这个比例为29∶21；但到了2013年男女青年各自的就业比例为30∶18，可以看到悬殊越来越大。与此同时，女青年上学读书的人数远超过男青年。2000年该年龄段中上学读书的男女青年占各自总人数的49%和50%；2010年分别为65%和71%；而到了2013年分别为62%和74%。也就是说接受高中和大学教育的女青年人数大约高出男青年的10个百分点。这个比例从一个侧面反映出女性的就业环境要比男性差，她们不得不在高等院校中多缓冲几年，再来面对就业市场。从统计数字来看，这种男女比例的失衡在长期工作中表现更加明显。25岁以下的年轻人中，拥有长期工作的女性不到四分之一，而男性则有二分之一。

在斯洛文尼亚就业的年轻人中，从事的工作种类分为：永久性工作、临时性工作、学生打工和自我雇佣。学生打工占有很重要的地位，这是同其他国家不太一样的地方。该国的年轻人投入大量的时间做零工，平均每周的工作时间可以达到26.3小时。这个工作量超过青年人全职工作时间（41.5小时）的一半。大约有60%的年轻人从事学生工作，为国家纳税的金额占全部青年收入的一半还多。学生工作和临时工作一起占年轻人从事的全部工作的82%，也就是说，25岁以下的年轻人从事长期工作的人数仅占28%。

在青年人从事的工作中，仅有25%的人从事和自己专业相关的工作。绝大多数的人所做的工作和自己的专业没有太大关系。在是否从事自己本专业的工作问题上依然有性别差异。约三分之一的男青年从事和自己专业相关的专业，而这个比例在女青年中只有16%。

对受过高等教育的年轻人来说，从事本专业的工作的比例要大一些。约有42%的大学毕业生从事和自己领域相关的工作。也就是说，越是教育投入少的年轻人，越需要掌握更多的弹性工作能力并在实践中不断学习新的技能。调查显示，有35%的毕业生认为对于他们从事的工作来说，他们接受了过度的教育。

面对严峻的就业形势，大多数的年轻人时刻准备学习新的技能和知识。他们也准备好从事临时工作，期望这些零星的工作能为自己获得永久性工作铺平道路。他们也准备先接受薪水较低的工作以获取工作经验和人脉资本。

在就业选择中，越来越多的年轻人喜欢在私营企业工作，但是年轻女性更喜欢在国有企业工作。年轻人找工作很大程度上依靠朋友和亲戚关系。他们认为人际关系远比掌握的技术水平更能决定就业的好坏。受过高等教育的人对自己的就业能力自信心要更足，更相信知识的力量。在工作选择的要素里面，斯洛文尼亚年轻人考虑最多的首先是薪水的多少，其次是工作满意度，排在第三位的是工作的安全性，最后是团队成员是否有趣。

（13）就业流动性问题

人口流动在现代社会非常普遍。年轻人愿意在更加富有的国家和地区工作，但是对人口流出地区来说，这种现象往往容易造成高端科研人员的缺乏。在斯洛文尼亚独立后，大量的年轻人寻找出国读书和就业的机会。

斯洛文尼亚是小国,加上交通便利,人们在国内流动的意愿不强烈。斯洛文尼亚人很重故土,不愿意离开父母在外地生活。与此对照,斯洛文尼亚人愿意去国外工作的人数要远远大于国内流动的人数。约有三分之二的斯洛文尼亚人希望去奥地利、德国和美国工作。居住在大城市和受过高等教育的年轻人中,移民的意愿更明显。

在移民的目标国家中,美国是最受青睐的目标,其次是奥地利、德国、英国、澳大利亚、加拿大和意大利。德国和奥地利作为邻国和经济发达的国家受斯洛文尼亚年轻人的喜欢是可以理解的。他们自古以来就是哈布斯堡王朝的家族成员,从语言和文化上没有任何融入的困难。尤其对于年龄较大的斯洛文尼亚人来说,他们依然希望和德国人、奥地利人一起生活。但是年龄较小的斯洛文尼亚年轻人深受美国文化的影响,对移民美国的意愿更加强烈。驱动移民的主要原因是生活水平、就业环境和教育水平。

总之,现在斯洛文尼亚就业形势越来越好,高等教育的扩招也在一定程度上缓解了就业压力;就业环境上女性青年、小城市的青年、受教育程度低的年轻人承受的压力更大;在就业的青年中临时工和学生工作占很大比例;在工作选择上,斯洛文尼亚年轻人喜欢私营企业,喜欢去外国工作。

第四节　节假日

斯洛文尼亚实行每周五天工作制,周六、周日为公休日。节日分为两种,即国家节日和休假日。在国家节日,全国庆祝,举办公共活动。休假日是天主教的宗教假期,公司、学校都关闭,没有公共活动。

1. 普列舍仁日/斯洛文尼亚文化节

2月8日斯洛文尼亚文化节,也是用来纪念其伟大诗人弗兰策·普列舍仁的节日。2月8日是普列舍仁的逝世纪念日,1945年被定为斯洛文尼亚国家文化节日。普列舍仁是斯洛文尼亚的杰出诗人,浪漫主义诗歌的先驱。斯洛文尼亚独立后,他的诗歌《祝酒歌》被确定为国歌。以他名字命名的"普列舍仁奖"是斯洛文尼亚针对文化成就而授予的最高奖项，该奖项于2月7日，即斯洛文尼亚文化节前一天晚上颁发。

2. 反占领起义纪念日

4月27日原称"解放阵线日"，纪念1941年斯洛文尼亚解放阵线起义反抗德国、意大利、匈牙利的军事占领，现称反占领起义纪念日。

3. 国庆日

1991年6月25日，斯洛文尼亚共和国正式宣布独立。于是，每年的6月25日为斯洛文尼亚国庆日。

4. 独立日

12月26日纪念1990年全民公决决定独立。1990年12月26日是斯洛文尼亚共和国正式宣布就斯洛文尼亚主权和独立问题举行全民公决的结果的日子。

斯洛文尼亚还有一些节日广受欢迎，包括圣乔治日（每年4月23日，即迎春节，庆祝春天和放牧季节的到来）、圣马丁日（每年11月11日，葡萄种植者最隆重的节日）、圣尼古拉日（每年12月6日，在当天给儿童分发礼物）。此外，狂欢节在斯洛文尼亚也颇具特色，每年吸引着大量游客前往参观。

狂欢节活动中，最有特色的是普图伊一年一度的库伦特狂欢节，这也是斯洛文尼亚春季时节最流行的民间活动，每年都会吸引许多人参与其中。这个狂欢节起源于古代享乐之神库伦特。狂欢节中，许多人戴着面具，挂着假舌头，身披长毛羊皮，头戴插着羽毛、挂着彩带的羊毛帽，手持木棍，化装成"库伦特"神，意在驱赶寒冬并迎接春天的到来。相传早期，只有未婚的男士才有权化装成"库伦特"神，然而如今，已婚男士、妇女、儿童都会被邀加入其中。普图伊镇也因举办该狂欢活动而于1991年被纳入欧洲嘉年华城市联盟。

此外，采尔克尼察嘉年华也别具特色，其主角是女巫乌尔舒拉；在采尔克诺，人们戴上木制面具，穿着用苔藓、常春藤叶和云杉枝装饰的服装狂欢；在克尔卡河畔的科斯塔涅维察，嘉年华还有一个政治主题，所谓的"狂欢节政府"每年要选举新总统。

第五节　饮食习惯

斯洛文尼亚拥有栽培葡萄和酿制美酒的古老传统,其地理和气候为生产多种多样的优质葡萄和葡萄酒创造了条件,如著名的雷司令、茨维挈克、特兰葡萄酒等。斯洛文尼亚有三大葡萄酒产区:波德拉弗耶葡萄酒产区、波萨弗耶葡萄酒产区和普里莫尔斯卡葡萄酒产区,有多条葡萄酒旅游路线。在斯洛文尼亚第二大城市——马里博尔(2012年欧洲文化之都)有一处特殊景观:位于德拉瓦河畔的一座老房子正面,生长着一株有400多年历史的本地红葡萄品种的葡萄藤,它被列入了吉尼斯世界纪录。除葡萄酒外,斯洛文尼亚人也很爱喝啤酒和果酒。

斯洛文尼亚的肉食品种类繁多,如克拉尼香肠、血肠、米肠、扎萨夫列肝肠、"萨拉米"腊肠、喀斯特地区火腿、熏肉、猪脖肉、普雷克穆列火腿肠、普尔莱基亚火腿、喀斯特地区羊肉等,风味独特,味道可口。有不少肉制品已获得产地保护标志,如克拉尼香肠、喀斯特地区火腿、熏肉、猪脖肉、普雷克穆列火腿肠、兹戈尔涅萨夫列填馅猪肚、舍布雷利猪肚、普尔莱基亚火腿、喀斯特地区羊肉。

在斯洛文尼亚,至今仍保留着杀猪请客的传统。在一些地区,亲朋好友会聚在一起,杀猪并用猪肉制作香肠、肉饼等肉类食品,为冬天的到来做好食物储备。

波蒂察是一种烤蛋糕卷,以核桃、奶酪等作为夹层馅料,是斯洛文尼亚的特色节日食品之一。吉巴尼察是一种以核桃、苹果等为原料的多层糕点,和波蒂察一起为斯洛文尼亚人们所喜爱。此外,贝拉克拉伊纳面包、伊德里亚饺子、普雷克穆耶夹层蛋糕都是传统的特色食品。

在斯洛文尼亚,受保护的传统特色食品有贝拉克拉伊纳面包、伊德里亚饺子、普雷克穆列夹层蛋糕。拥有原产地保护名称的食品有博韦茨奶酪、纳诺斯奶酪、喀斯特绵羊奶酪、喀斯特山羊奶酪、托尔敏茨奶酪、波希尼奶酪、喀斯特蜂蜜、科切夫列树林蜂蜜和斯洛文尼亚蜂蜜。普图伊红洋葱、什塔耶尔-普雷克穆列南瓜子油、皮兰海盐和斯洛文尼亚伊斯特拉特级初榨橄榄油则被授予了产地保护标志。

去当地人家里做客的时候，客人一般准备鲜花和酒。守时在斯洛文尼亚很重要，所以要准时赴宴。客人要把鞋子放在门阶上，并向所有人打招呼，握手并问候家里的每一个人，通常先问候女人，其次是男士。斯洛文尼亚遵循许多常规的用餐习惯，右手拿刀，左手拿叉。在商务晚宴上尽量不要主动谈生意，除非你的主人先讨论这个话题。吃饭是一个社交和互相了解的时候，而不是谈论金钱或迫在眉睫的交易。

第六节　教育

1. 教育概况

斯洛文尼亚的教育环境在欧洲处于中上游水平。在欧盟的教育质量调查中，斯洛文尼亚的学生数学和科学成绩要高于其他成员国的平均成绩；社会学和经济学的成绩同其他国家持平，但是阅读能力要比平均水平低。斯洛文尼亚学前教育体系完善，能够提供1—6岁孩子的教育。3—4岁学前孩子的入园率处于欧洲国家的平均水平。6—15岁的孩子参加基础教育，学生的留级比例很低。15岁开始进入教育的分野，即职业教育和学术教育的分野。斯洛文尼亚的辍学率是欧洲最低的，高等中学教育和职业教育的学生占同龄人的比例处在欧洲比较高的水平。普通高中教育和职业教育之间可以转换，职业技术学院的学生可以继续大学学习。

学校和幼儿园机构的自主管理空间与欧洲其他国家相同。比起其他欧洲国家，斯洛文尼亚政府对教师和管理人员有雇佣和解聘的权力，以及制定学科内容和教学质量评估的权力。在斯洛文尼亚，教师必须要参加5年的师范教育，达到研究生学历才可以做老师。学前教育和职业教育的老师只需要3年的师范学习经历。所有的教师必须参加职业测试。学校的班级学生数量比欧洲平均数量少，教师的教学时间比其他国家也少，他们的工资是全国其他行业的平均工资。对教育机构的评价分为内部评价和外部评价。各个学校的领导负责对本校的教师进行评价。教师对如何评价学生有完全的自主性。国家对基础教育的投入要高于欧洲其他国家,而大学投入略微低于其他国家。

对教育质量的评估是由国家教育委员会来完成的,在六年级、九年级和十二年级分别有三次评估测试。对所有的教育机构都有两种评估方式,一种是外部评价,一种是内部评价。外部评价由国家教育委员会每5年对一个学校进行一天的评估检查。检查内容包括教育设施的资金投入和教育环境;第二个包括教学规章制度和文件;第三个包括在校方容许下进教室听课。教育监察机构对监察的结果要公布在网上。教育监察人员要通过考试,获得资格后才能实施教育监察的权力。除了外部检查之外,教育单位要每年向大众提供内部评估结果。

学校校长对教师的表现进行评估,教师的评估同教师职业发展和工资增加相关联。教师对学生的评估在小学的头两年是描述性的,在后面给出5分的等级评估。

斯洛文尼亚教育投资分为国家投资和地方政府投资两大部分,另外还存在一些私人投资,对教育的总投入占全国GDP的5.8%,欧洲的平均水平为5.9%。其中89.8%的教育投资为国家投资,这个比例在欧洲的平均水平为83.5%。私人投资占全部投资的10.2%。

国家投资提供学校基础投入和人员投入,而地方政府资金主要用来支付学校的日常性运行开支。普通高中和职业教育学校是国家投入的。高等教育机构有较大的资金使用自主权,但是在提高学费和教师工资上受到国家的管理。国家对学校的教育拨款同学校的入学学生人数和毕业生的人数多少有关系。

斯洛文尼亚教育分为基础教育、中等教育和高等教育三种。另外,斯洛文尼亚还非常重视语言教育。

2. 基础教育

在基础教育阶段,学生接受的平均课程时间要少于欧洲的平均水平。学生对教育环境的满意程度高于其他欧洲国家,但教师和学生的关系满意度低于其他国家。从事基础教育的学校的校长由政府指派,任期5年,负责管理教师和组织教学。校长要首先获得资格证书,有5年以上的教学经验。斯洛文尼亚学校中教学的课时要求少,班容量少,教师收入也低。小学班级法定人数不能超过19人;初中不能超过20人。2016年幼儿教师的平均年薪为26 385美元(欧洲平均年薪为37798美元),高中教师的平均年薪为38 378美元(欧洲的平均年薪为

47 702美元)。

3. 中等教育

就业市场的竞争导致各国对发展中、高等教育一直予以重视。在斯洛文尼亚，25—64岁之间的失业率（2014年为9.1%）要高于欧洲其他的国家（2014年为7.3%）。但是受过中、高等教育的人群中失业比率要低。从2000年到2014年，25—34岁之间的失业人数比例有明显增加，从3.8%增加到了11.9%。但是15—29岁之间失业的青年人数比欧洲其他国家要少（斯洛文尼亚为13.7%；欧洲其他国家为15.5%）。

中等教育分为普通高中和职业教育两种，在同一所学校可以同时开设两种类型的教育。

（1）普通高中教育

斯洛文尼亚普通高中的入学人数高于欧洲其他国家人数（斯洛文尼亚为57%；欧洲其他国家为39%）。受过普通高中教育后失业的人数也高于欧洲其他国家（斯洛文尼亚为9.7%；欧洲其他国家平均为7.5%）。普通高中教育为四年，有34%的高中生可以直接进入大学学习。在普通高中和职业教育之间可以通过专门课程训练而达到相互转换。学生和年轻人可以咨询职业机构获得信息和就业指导。

（2）职业教育

职业高中直接面向市场进行职业培训，获得职业教育证书。学生也可以通过考试进入高等学校继续深造。斯洛文尼亚参加职业高中学习的学生人数高于欧洲其他国家平均水平（斯洛文尼亚为66%；欧洲平均水平为46%）。职业高中毕业生的就业率为80%，而欧洲的平均水平为77%。

根据斯洛文尼亚劳动力调查，就业人口中有一半以上的人员受过3～4年的高等教育。但是在私营企业和公共服务单位，受到高等教育的人员比例不同。在私营企业就业的人员高等教育的学习时间为3～4年的比例为59.3%；公共服务部门这个比例为35%。私营企业中员工所受的教育最多的是：交通运输、仓库保管、生产制造、批发和零售、动力机车、摩托车修理、建筑。公共服务部门雇员中受教育时间平均为5～8年，而且这部分人的就业率越来越高。在2012年从事生产、商品零售和批发等低端行业的人数大大减少。到2013年接受5～8年教育的人员就业数量在增加，而接受0～4年的人口中就业的比例在下降。

从2008—2013年斯洛文尼亚的失业率在上升。这种上升对年轻人来说更加明显，五年间失业率从10.4%上升到了21.6%。受到欧洲统一高等教育体系的影响，外来工作的人员增加，本国25~64岁人口的就业率下降。失业率最高的人群集中在职业学校毕业的学生和普通的大学生。研究生以上的学生受影响的比例小。受过高等教育却失业的年轻人数量高于欧洲的平均水平。失业人口中学习社会科学和人文科学的比例高，这部分人群的供给远高于需求，明显地显示出结构性的不平衡。这些数据显示职业教育在斯洛文尼亚的重要性。增加低端教育背景的年轻人的就业率十分重要。失业人口的增加也导致了更多的年轻人移民海外。根据劳动力调查数据，在就业危机中，结构性失业风险在增加，体现在长期失业人数和失业比例在2008—2013年之间有显著的提高。2013年失业时间在一年以上的人数占总失业人数的51%。

为应对就业问题，斯洛文尼亚政府采取了一些措施，比如青年保障计划，保障学徒和实习生的生活，加强教育和经济之间的联系。2012年国家对职业教育的专业进行了调整，从323个减少到262个。其中主要减少的专业是手工行业、文化行业和医药行业的专业，并提高学生的专业之间的流动性，增加对现有行业技能的登记和认证，并发展终身教育。

斯洛文尼亚的职业教育分为经济类、技术类和艺术类三个部分。职业教育和普通高等教育之间可以相互转换。职业教育既能够使学生具有一技之长，也能够使他们具有进一步大学深造的能力。

职业教育中社会实践的部分是和普通高中不一样的地方。职业教育中的实践部分受到国家的管理和支持，包括提供实习基地的政策支持。职业教育是由学校和公司合作完成的教育。职业教育是公共财政支持的。目前构架有72所职业学校和21所公立职业教育中心，另外有一些私立学校也提供终身职业教育。

所有的职业教育是模块化的。每一个模块或者几个模块一起构成职业教育证书。模块划分的依据是不同的能力，包括职业理论和实践能力。除了职业模块，职业教育项目也包括一般的教育和公司里面的实践性学习。实践训练由学校的实践课程和公司的工作时间两部分组成。教育项目中的实践训练在不同的职业教育种类中比重不同。

公司实践是职业教育中重要的环节，由公司或者是职业训练中心提供。农业学校的实习可以完全在学校内部开展。职业训练中心是学校的组成部分。国家有20多个这样的训练中心，绝大部分是2011—2013年之间在欧洲发展资金资助下建立的。地方公司和政府也给予一些资金扶持。职业训练中心既可以提高学生的实践能力，对教师进行技术更新，对下岗人员提供新技术培训，对社会成员提供终身学习的机会，也发展小学生的职业取向和爱好。实践课程完成后，学生可以选择继续留在公司工作或者继续他们的教育。职业教育的评价由职业学校和行业组织中具有5年以上从业经历的技术人员完成。

职业教育中质量保证很重要。职业教育法案中规定，学校需要建立质量委员会，至少由五位成员组成，分别代表职业学校的员工、雇主、学生和家长。质量检测机构每年公开质量评估结果。

4. 高等教育

高等教育分为学术研究型高等教育、职业技术型高等教育和短期的高等职业教育。

高等教育的入学率到2014年为38%，这个比例依然低于欧洲平均41%的水平。

受过高等教育的学生收入是没有受过高等教育学生收入的175%。这个差异要高于欧洲其他国家60%的平均差异。

斯洛文尼亚女性的工资平均收入比男性低6%，这个差异是欧洲国家中差异最小的。女性受高等教育的人数要高于男性，并且获得博士学位的女性比例高于欧洲平均水平（斯洛文尼亚女性博士学位占比55%；欧洲平均为47%）。女性的失业率（10%）在该国也高于欧洲其他国家平均水平（7.6%），也高于男性的失业率（7.6%）。

（1）高等教育体系

斯洛文尼亚的高等教育历史悠久。中世纪和宗教改革时期就有了高等教育，1773年卢布尔雅那大学就有了哲学和神学系。在过去的三十年间高等教育发生了很多变化，出现了私立大学，在和欧洲接轨的过程中大学的国际化速度很快。

在斯洛文尼亚有很多高等院校，包括大学、艺术研究院和独立高等教育机构。到2016年有4所大学，分别为卢布尔雅那大学、马里博尔大学、普利莫尔斯卡大学、新戈里察大学；另外还有一个独立高等研究院（新梅斯托信息研究院），一个国际大学联盟（地中海大学），以及44个私立的高等教育机构。

高等教育有宪法赋予的独立办学自主权。政府有专门的机构对高等教育的办学水平进行管理和监督。斯洛文尼亚加入欧洲的学分转换和累积系统ECTS，因此学生可以在不同国家的大学中进行交换学习。

高等教育中理工科以科学研究和与科学有关的教育研究为主要学科内容。艺术学院提供人文艺术范围内的学科教育和商业教育，同时也组织艺术和研究活动。

斯洛文尼亚公立的大学教育是免费的，但是兼职学生和不在公立资金支持下的学习项目是要收费的。对有经济困难的学生，他们可以申请政府奖学金或者公司提供的奖学金。斯洛文尼亚给少数民族、外籍斯洛文尼亚人和所有有教育合作国家的学生提供奖学金。政府为大学的学生提供宿舍，并根据学生的经济状况提供助学金，包括餐饮补贴和交通补贴。

从1993年开始，高等教育的法律法规出现了很多转变，为高等教育现代化和更高的满足社会发展需求做了准备：开始实施融入欧洲大学教育体系的博洛尼亚进程计划；大学毕业生的毕业证书和成绩，都将获得其他签约计划的欧洲国家承认；大学毕业生可以毫无障碍地在其他欧洲国家申请学习硕士阶段的课程或者寻找就业机会；建立欧洲质量保障体系和研究体系。

其他对高等教育有重要影响的规定包括：统一高等教育学位名称的，对在国外期间所获学习获得学位认可，用以保障教育的国际化。大学享有研究的自由、艺术创作的自由和传递知识的自由，内部事务管理的自由，人员聘任、学科开设和资产管理的自由。大学的校长由员工选举产生，教师由学院院长领导。学生和所有的利益相关人员积极参与大学的管理以保证所有相关人员的利益。2004年的改革中建立了新的高等教育制度，包括保证所有利益相关人员明晓教育部门人员的身份。全面实施了欧洲高等教育标准和学分转换制度。

从2010年起，学生可以在本科、硕士和博士阶段加入欧洲教育一体化博洛尼亚体系：

本科需要3~4年和180~240个ECTS学分；

硕士需要1~2年和60~120个ECTS学分；

博士需要3~4年获得180~240学分。

斯洛文尼亚非常重视高等教育、科学研究和艺术发展，但其大学生辍学率和就读年限长的问题比欧洲其他国家严重，受高等教育的人数比例比其他欧洲国家也低。由于受人口数量持续下降的影响，预计到2020年斯洛文尼亚大学生的入学人数仅为2010年的80%，获得博士学位的人数也比其他国家要少，高等教育机构和其他国家的大学联合培养的学生数量少，师生比例高于其他欧洲国家。

《2011—2020年高等教育发展纲要》中提出要整合教育与科学研究政策，促进科研创新。高等教育将帮助促进形成知识型社会，更加具有国际可比性，参与国际合作，具有更强的就业能力和国际竞争能力。

未来高等教育在本科和硕士阶段依然是免费的。国家会建立专门的机构公布社会需要的技能和人才培养标准。

（2）主要大学介绍

①卢布尔雅那大学

1919年该大学建立于卢布尔雅那。学生人数占全部人口的七分之一，研究人员占全部员工的30%。卢布尔雅那大学有悠久的历史传统，已经拥有63 000本科和硕士毕业生。大约有3 500教师，23个学院和3个艺术研究院。该大学开设本科、研究生和终身教育体系。在2008/2009年，开设197个专业、47个高等职业项目和150个大学项目。该大学还开设很多研究生项目，同时有生物医学、统计、环境科学等跨学科的研究项目。

②马里博尔大学

早在1257年，马里博尔就已经有了大学的历史记载。其高等教育始于宗教的传播。最早的学院研究哲学和神学，1959年成立了经济学院，之后农业和生命科学、组织管理学、社会公正和安全、逻辑学、能源技术等很多学院相继出现。该大学广泛参与世界各地的学术研究活动。大学本科教学已经全面参与博洛尼亚计划。在2010—2011学年入学的学生全部参与博洛尼亚学习项目。

③普利莫尔斯卡大学

普利莫尔斯卡大学于2003年3月17日在科佩尔市成立，致力于发展当地经济和社会。该大学既有大学学院也有研究院。普利莫斯卡和意大利、克罗地亚接壤，也是国际文化和经济枢纽。学校秉承西欧和地中海历史，主要目标是提供高质量的学习和研究项目。大学享有高度的学术自治权以及传授知识和独立思考的能力。

④新戈里察大学

新戈里察大学建立于1995年，最初只有环境科学国际研究院。该学院于2006年重新组建后改名为新戈里察理工学院。目前共有7个学院：环境科学学院、工程管理学院、应用科学学院、人文学院、艺术学院、葡萄酒酿造专业、研究生院。研究生院的博士研究专业有：环境科学、物理、思想和文化比较研究、语言学、基因工程和分子学、岩溶学、环境和建筑遗产保护等。在当地建有高新科技园区，促进知识的就地转化。该大学国际化程度很高，25%的员工和45%的学生来自国外。博士生的课程全部用英语教授，为教师和学生创造了舒适的氛围。

⑤欧洲地中海大学

该大学以研究生为主，研究项目主要为文化的多元性，目的是促进高等教育的跨文化合作，促进教授和学生的流动性和促进富有挑战和创新的教学环境。地中海大学是欧洲地中海大学联盟学校，彼此承认学分、课程和学位。研究项目主要关注欧洲地中海地区事务，多个地中海大学之间有互助合作项目。

5. 语言教育

斯洛文尼亚在政策的制定上既保护语言的多样性，又保证通用语言能够实现有效的沟通。语言政策以多语言教育为渠道培养多文化背景的公民。教育保证公民能够使用至少两种语言进行社会交往，这符合欧盟的语言政策。语言政策的主要功能是根据教育文化传统保护多语言的共存，满足语言的交际需求，保护所有人的语言权利和义务，尊重各民族的语言使用自由。1999年欧盟委员会强调欧洲的语言多样性的目的是建立"在独立和共同价值观基础上的，多样而自由的，宽容和公正的社会"。多语言教育提供的跨文化交际机会是了解和尊重不同语言文化使用者的机会，因此对世界的和平发展有积极意义。

自独立以来，斯洛文尼亚彻底改革了教育体制。语言教学以机会平等、鼓励优秀、独立负责、多元并存、终身学习为宗旨。斯洛文尼亚语系国家的官方语言。由于历史上斯洛文尼亚语就是教学语言，并有很多的文学作品，该语言教学已经有了一个标准化的教学和测试方法。独立后1991宪法第11条规定："斯洛文尼亚语是官方语言；意大利语和匈牙利语是意大利和匈牙利少数民族地区的官方语言。"在斯洛文尼亚人聚居的地区，如果有少数民族，例如讲匈牙利语或意大利语的少数民族，完全承认其多语种的地位。

历史上看，斯洛文尼亚一直是多语种的地区。近年来欧洲移民的流入，季节性外国游客的到来，以及巴尔干半岛冲突产生的难民的涌入，都使得语言的使用越来越多元化，外语教育也逐渐开展起来。斯洛文尼亚人似乎天生就有多语言技能，很多年轻人能讲两三种不同的语言。

（1）官方语言——斯洛文尼亚语

20世纪90年代的斯洛文尼亚教育系统实现了现代化（1994—1998年），而承载教育现代化的是斯洛文尼亚的官方语言。现代化的斯洛文尼亚语言课程强调其教学功能，同时兼顾其他社会功能，比如：外语教学和斯洛文尼亚语言在国外的推广问题；国民识字比例偏低问题；教师语言分析能力差的问题等；官方语言的规定性和自然发展的问题等。

（2）意大利人和匈牙利人的语言教育

大约有3 000名意大利人和8 500名匈牙利人混居在斯洛文尼亚全国各地，国家为他们开设了选修课程：他们可以选择用斯洛文尼亚语开设的课程，或者选择用他们本族语开设的课程，但是斯洛文尼亚语，作为第二语言，是必选课程。这样保证无论第一语言是什么，语言的多样性都存在。

在匈牙利人集中居住的普利科姆地区，这种双语教育模式被广泛认可和接受。在该地区从幼儿园到高中毕业，学生必须学习匈牙利语和斯洛文尼亚语，其他学科也以两种语言之一讲授。尽管如此，该地区原来的匈牙利人被斯洛文尼亚文化同化现象非常严重。比如：50年前该地区50%的匈牙利人认为自己属于匈牙利文化，但10年前只有20%的人这样认为。从经济发展的角度看，这是好事，语言文化的融合有助于促进合作沟通。但是从语言生态学的角度，则少数民族的语言面临着需要抢救的局面。

（3）罗姆人的语言教育

在斯洛文尼亚有3 000~10 000罗姆人，斯洛文尼亚政府为他们提供特殊的教育安排，罗姆人的子女被插入当地斯洛文尼亚人的学校，但在正规场合不允许他们使用自己的语言，对此欧盟对斯洛文尼亚政府提出了批评，要求政府为他们提供用他们的第一语言开设的课程。但从操作上看，罗姆人的父母并不支持这一做法，他们希望孩子能和斯洛文尼亚人融合。斯洛文尼亚也在积极准备按照欧盟的语言政策，对这些少数民族子女提供用他们语言进行的教育。然而主要的问题是教材的开发，培养能熟练使用这些语言进行学科教学的老师，懂得如何教育少数民族孩子的方法和有效的学校管理。

（4）手语教育

国家从法律和操作的层面上都很重视残疾人的手语教育，其中马里博尔从1963年就开始了手语教育，学校把发展教育和医疗结合在一起，改善听力环境。其他的城市，比如卢布尔雅那，在这方面也做得很好。卢布尔雅那提供从小学一年级开始的聋哑人课程。

从以上可以看出，斯洛文尼亚遵循欧盟提出的多语言共存的法律和教育制度。但是在实施的过程中少数民族中较大的民族，比如意大利和匈牙利人，语言被保护得较好，但罗姆人和罗马尼亚人的语言教育还有待提高。

（5）外语教育

斯洛文尼亚地处德语区和罗马语区的东南部，外语教育在这个国家非常重要。大约有55%的孩子在小学四年级前开始接受外语教育。小学四年级（9岁）开始的第一门外语是必选课程。七年级到九年级的中学开始提供可以选择的第二外语必选课程，每周2课时，开设3个学年。比如：学校开设法语、意大利语、德语可供选择，学生必须选修其中的一门。这一安排和欧盟其他成员国是一致的。但从实际操作层面上看，第一外语的选择中，85%的学生选择英语作为第一外语，15%的学生选择德语作为第一外语。第一外语的开设时间为9年（小学四年级到十二年级），大约655个课时（每个课时45分钟）。第二外语的开设并不理想，有45%的学生没有选择学习第二外语。在决定语言开设的门类和数量上面，地方学校有很大的决策权力。

年轻人对语言多样化持开放的态度，很多人在课外的培训机构学习其他语言。家长们也不太喜欢正规的学校语言教育,他们更喜欢课外非正式的学习。非正式的课外语言学习经常给小学起步阶段的正规教育造成不小的困难。因为在课程起步的时候,小学生的语言基础差异很大。有的已经学习了一些基本词汇,而有的一点基础都没有。要调和这些矛盾或者为不同水平的孩子提供不同的语言课程都不容易操作。毕业时候的语言等级测试是由国家统一执行的,用来检验学校的教学质量。

①高中阶段的外语教育

首先,技术和职业教育阶段接受语言教育的孩子占全部学生的60%。他们以满足较低层级的职业技能为培养方向,所以外语教育并没有受到重视。国家的语言教育调查显示,在一般的高中,第二外语教育是必修课程。在技术职业院校只教授第一外语。职业教育阶段的学生在考试中可以在数学和外语中做选择,只考其中的一门。

普通高中阶段,外语教育是重要组成部分,学校为学生提供六选一的第二外语课程。第二外语课时为420次(45分钟为一次)。第一外语的学习时间为9年,655课时。在外语学习的高级阶段开设跨文化交际课程。在外语教学的最后阶段会出现阅读、写作、听力能力的"高原现象",无法提高。口语的能力还有发展空间。

从表6-2所示的外语选择情况看,高中阶段的学生绝大多数选英语,为职业发展做准备。匈牙利语和俄语选择的人很少。虽然政府给予小语种学习的补贴,大语种要30个人的班级才可授课,小语种只要15人就可以授课,但是家长还是不愿意送孩子学习小语种。高中毕业时外语语言水平一般达到B2.1或者B2.2。

②大学的外语教育

大学的语言教学时间很灵活,从45小时到240小时不等。大多数院系提供英语和德语课程。少数院系,如经济学院和社会科学学院,实施了更广泛的语言选择,除英语和德语外,还开设法语、意大利语和俄语的选修课程。一般的大学中外语不是专业课程,而是由语言中心提供的辅助课程,由有经验的老师和很多助教共同完成。外语课程由教师根据不同学院的教学需求设计。

表6-2 2003年斯洛文尼亚学生外语选择情况

语言	人数	比例
英语	103 424	88.9%
德语	67 943	58.41%
法语	3 152	2.7%
意大利语（外语）	10 344	8.89%
意大利语（给意大利族）	1 841	1.58%
西班牙语	399	0.34%
匈牙利语（外语）	0	0%
匈牙利语（给匈牙利族）	546	0.47%
俄罗斯语	14	0.01%
希腊语	86	0.07%
拉丁语	2 136	1.84%

③普通成人教育和培训机构提供的外语教育

斯洛文尼亚有很多成人教育机构和专门的外语培训机构提供各种语言培训。他们提供的语言种类比公立学校要多，常开设的课程有阿拉伯语、中文、俄罗斯语、葡萄牙语等。前来学习的多是成人，以旅游或者单纯的语言学习为目的。一些机构同政府部门合作，为中小型公司提供员工的语言培训课程。斯洛文尼亚有一个非营利的语言教育机构，斯洛文尼亚安德拉格中心，他们为16到25岁的失学青少年和失业人口提供语言帮助，主要是德语和意大利语，并发展他们的读写能力。

第七节　新闻媒体

1. 报纸

截至2012年，斯洛文尼亚全国共有日报8种，周刊42种，双周刊39种，月刊369种，双月刊121种。读者量较大的全国性报纸主要为：《24小时报》（37.3万人）、《斯洛文尼亚新闻》（36.5万人）、《劳动报》（15.1万人）、《日报》（14.1万人）、《晚报》（13.4万人）、《普里莫尔斯卡新闻报》（7万人）和《金融报》（5.6万人）。

2. 电视台

2014年，斯洛文尼亚共有55个电视频道。其中国家电视台为斯洛文尼亚广播电视台（6个频道，1958年成立）。私营商业电视台主要有Kanal A（1989年成立）和POP TV（1993年成立），2000年10月，POP TV的母公司美国Super Plus收购了Kanal A，但仍使用其名称。

斯洛文尼亚有四个公共电视频道，为斯洛文尼亚1套、2套，科佩尔电视频道和马里博尔电视台，此外还有35个商业电视频道，由31家斯洛文尼亚电视台运营。斯洛文尼亚电视台是最大、最重要的电视台。

3. 广播电台

截至2014年，全国共有76个广播频道。根据2012年统计数据，全国听众人数最多的电台有：Radio 1（20.2万人）、Val 202（16万人）和斯洛文尼亚广播电台第一套节目（11.1万人）。

4. 国家通讯社

斯洛文尼亚通讯社简称STA，成立于1991年6月20日，为国家通讯社，使用斯洛文尼亚语和英语发稿。

第八节　社会保障

斯洛文尼亚的社会保障体系主要分为两部分：强制社会保障体系和国家养老体系。所有斯洛文尼亚公民都要求交纳社会保险，为平均收入的15.5%。社会保险的救济范围包括发放养老金、伤残退休金、抚恤金。据世界卫生组织统计，2012年斯洛文尼亚全国医疗卫生总支出占GDP的9.4%，按照购买力平价计算，人均医疗健康支出2 618美元。2007—2013年，平均每万人拥有医生25人、护理和助产人员85人、牙医6人、药师6人。2013年斯洛文尼亚人均寿命为80岁，其中，男性平均寿命76.93岁，女性平均寿命83.13岁。

强制社会保障主要项目有：

（1）强制健康保险：强制医疗保险是覆盖所有在斯洛文尼亚永久居留人群的强制保险计划。该保险由斯洛文尼亚健康保险研究所提供。但强制健康保险并不总是涵盖所有保健服务。

以下是以强制保险全额支付的服务：

①儿童和青年的所有保健计划：对儿童、学龄儿童、发育障碍的未成年人和学生，该保险提供他们在诊断、治疗和疾病康复时候产生的费用。

②女性保健计划：该保险覆盖女性患者的计划生育、避孕、怀孕、分娩、预防保健、诊断治疗传染病，包括艾滋病病毒感染等产生的费用。

③职业病或重大疾病保健计划：该保险覆盖因职业工作而受伤，恶性疾病的治疗和康复，肌肉或肌肉神经疾病，精神疾病、癫痫、血友病、截瘫、四肢瘫、脑瘫、糖尿病等疾病产生的费用。

（2）失业保险：雇佣关系的雇员被强制投保失业。

（3）养老津贴：国家养老体系向65岁以上，并在斯洛文尼亚居住30年以上的居民发放养老金。养老金和残疾保险在斯洛文尼亚是强制性的，对所有参保人员都是统一的。如果希望为退休后提供更多的社会保障，可以向养老基金或保险公司购买额外的保险。

（4）病期津贴：雇主有义务向病假期间的员工支付30天的病假津贴。除病假之外，医疗保险所支付的津贴范围还包括：为他人捐献器官、献血、照顾家庭成员、在医院陪护病人等。

（5）生育津贴：在社会服务中心领取，有父母津贴、孩子出生补助、儿童津贴、大家庭津贴、儿童保育津贴以及家庭收入损失。

（6）产假：怀孕妇女在其生产日期前28天开始休产假，假期长度为105天。在此期间，她领取产假津贴。津贴的数额是由她在过去12个月内收到的平均工资决定的。父亲有权休产假90天。第一个15天必须在孩子到第六个月结束时使用，其余的可以在孩子满三岁时用完。孩子出生时，父亲休假15天，他享有的津贴数额相当于父亲平均工资的100%。父亲在余下的75天内没有额外津贴，但是享有最低社会工资保障。

（7）儿童抚养假期：父母一方有权在产假结束后260天内照料或照顾孩子。育儿津贴的数额是根据受益人在前12个月收到的平均工资确定的。津贴不得超过平均工资的2.5倍。

（8）儿童抚养津贴：为父母或子女提供抚养和教育的额外津贴。

（9）除此之外的家庭津贴还包括大家庭津贴、父母津贴以及家庭收入损失津贴等。

除了以上强制性保险外，公民也可以购买保险公司提供的自愿健康保险，获得更多的保障。大多数斯洛文尼亚人都参加了自愿健康保险计划，因为强制性健康保险计划并不能覆盖所有的需求。

第七章 外交

斯洛文尼亚致力于全面融入欧盟体系，积极发展同德国、法国等欧盟大国和美国、中国、俄罗斯等大国关系，积极参与协调西巴尔干事务及国际热点问题的解决，先后参与在马其顿、东帝汶、阿富汗、伊拉克和黎巴嫩等10多个国家和地区的维和行动。2004年5月，斯洛文尼亚加入欧盟。此后，斯洛文尼亚又于2007年1月和12月先后加入欧元区和申根区。2008年上半年任欧盟轮值主席国。2015年10月28日，第七十届联合国大会改选联合国人权理事会成员，斯洛文尼亚成功获选，任期自2016年至2018年。

第一节　外交政策

1. 外交基本方针

1999年12月17日，斯洛文尼亚国民议会通过了《斯洛文尼亚共和国外交政策宣言》，全文共分为序言；欧盟；北约和安全政策；邻国；欧洲国家和美国；东南欧；非欧洲国家；全球政策；地区政策；结论等部分。

斯洛文尼亚的外交政策以其宪法制度的基本原则和公认的国际法准则为依据，致力于加强斯洛文尼亚的国家地位。这个国家是建立在斯洛文尼亚民族文化和语言基础上的主权国家，并保证少数民族的权利。斯洛文尼亚是生活在邻国的斯洛文尼亚少数民族居民的监护人，并支持他们为争取自身利益做出的努力。

斯洛文尼亚外交政策的基本方针，包括保证国家独立、斯洛文尼

第七章 外交

亚民族特性和安全,保护国家和在国内外的公民的利益。在相互信任和尊重以及在经济及其他领域良好合作的基础上解决与邻国的关系问题,也是斯洛文尼亚外交政策的首要任务。斯洛文尼亚根据宪法、联合国宪章、欧洲理事会的公约解决少数民族的地位问题。

《斯洛文尼亚共和国外交政策宣言》的结论部分重申,遵循斯洛文尼亚的基本价值和长远利益,斯洛文尼亚外交政策的优先目标是:加强国际地位和声望;与所有近邻国家建立稳定和良好的睦邻关系;加入欧盟、北约、西欧联盟;加入经合组织;在联合国、欧安组织、世贸组织、中欧自由贸易区内和在与欧洲自由贸易联盟的关系中发挥积极作用;与中欧国家在中欧倡议组织内,在意大利、斯洛文尼亚、匈牙利三边合作的框架内,以及在其他类似机构的框架内紧密合作;积极参与稳定东南欧局势和加强经济合作。在地理、政治、经济、文化和历史因素的基础上,斯洛文尼亚坚持国际法基本原则,致力于尊重基本人权,并为全面稳定邻国及其他地区形势提供良好的服务。斯洛文尼亚的基本利益是:和平、安全、繁荣、领土完整、保护和发展民族特性。民主、尊重人权和法制也是斯洛文尼亚在国际关系中遵循的基本原则。

2. 在多边关系方面的政策

《斯洛文尼亚共和国外交政策宣言》中强调,斯洛文尼亚外交政策的优先任务之一是加入欧盟,斯洛文尼亚支持欧盟的发展目标和基本原则,包括成员国完全平等和尊重新国家参加欧盟一体化的原则。为了为商品、服务、资金和人员自由流动创造条件,斯洛文尼亚正在按照欧盟的共同法规调整立法和加速与欧盟一体化的进程,希望在达到政治和经济一体化水平时加入欧盟。斯洛文尼亚支持欧盟的共同外交和安全政策,并将在其外交政策中遵从欧盟的原则和决议。斯洛文尼亚对欧洲国家,特别是欧盟成员国实行平衡的外交政策,与之保持良好和稳定的关系和合作,出于经济、政治利益,斯洛文尼亚与德国、法国、英国、意大利、奥地利的关系特别重要,与加入欧盟的候选国的关系也很重要。

在安全政策、与北约和美国的关系方面,斯洛文尼亚在国际社会中的安全地位是斯洛文尼亚外交政策必须保证的基本价值之一。加入北约是斯洛文尼亚国家和外交政策的基本战略利益之一。加入西欧联盟（于2010年解散）也是斯洛文尼亚外交和安全政策的战略目标。国际形势的变化使美国的作用进一步加强，美国在北约内部起着主导作用，斯洛文尼亚与美国成功合作和提升双边关系有利于稳定东南欧局势。

3. 在双边关系方面的政策

《斯洛文尼亚共和国外交政策宣言》中指出，在对邻国的政策方面，在相互信任和全面密切合作的基础上发展与邻国的关系是斯洛文尼亚的战略利益和安全的基本要素。斯洛文尼亚的利益是维护国家的领土完整和保持国际承认的边界，保护少数民族及其全面发展，加强地方共同体和地区之间的经济联系和在经济、文化、信息等领域的全面合作。斯洛文尼亚将在宽容、相互尊重和寻求相互可接受的解决办法的基础上与邻国建立和发展关系并加强斯、意、匈三边合作和斯、奥、匈三边合作，为建设"欧洲5号走廊"的交通干线，加强与沿线各国的合作。

斯洛文尼亚与克罗地亚之间有着很长的边界和许多经济文化联系并进行过成功的合作，但两国关系受到了南斯拉夫解体而产生的悬而未决的边界问题的影响，斯洛文尼亚致力于加强和发展两国的睦邻关系和合作，在解决悬而未决的问题中维护本国利益。

意大利是欧盟和北约的创始国之一，是斯洛文尼亚在政治、经济领域非常重要的伙伴。两国通过在国际法基础上克服和解决悬而未决的问题，建立了强有力的伙伴关系，加强了地区合作，并为保证地区的稳定与安全而共同努力。

斯洛文尼亚与奥地利在双边和多边合作领域中，在不断改善关系和加强合作。奥地利是斯洛文尼亚的重要贸易伙伴，奥地利支持斯洛文尼亚加入欧盟。

斯洛文尼亚与匈牙利在许多领域都有着很好的关系，斯洛文尼亚致力于加强在匈牙利的斯洛文尼亚少数民族的地位，改善两国的经济合作，特别是边境地区的合作。

斯洛文尼亚进一步发展与俄罗斯的良好关系，特别是在经济领域，并关心俄罗斯政治、经济形势的长期稳定。

在对东南欧地区的政策方面，斯洛文尼亚致力于通过谈判维护本国的继承权和解决继承问题。斯洛文尼亚基于其政治、安全和经济利益，而在解决相关问题中发挥积极作用，与欧盟、美国、俄罗斯及其他国家一起签订了《东南欧稳定公约》，并特别着重在恢复经济、保护人权和少数民族权利以及消除战争后果的人道主义援助方面发挥积极作用。

第二节 对外关系

1. 双边外交关系

斯洛文尼亚加入欧盟和北约，以及之后它的外交表现同这个国家采用的双边外交手段有重要联系。斯洛文尼亚擅长使用双边外交，即使是多边外交的环境，也经常被化解为双边外交而处理。比如，在斯洛文尼亚入盟途中，由于历史遗留的边境和基督教会的财产问题等，意大利本来是一个很大阻碍，但后来双方发展成了一贯的支持者和合作者。在北约提出的军事防御体系中需要大笔的资金投入，但作为一个小国家，斯洛文尼亚没有能力按照北约的要求来部署，于是斯洛文尼亚提出由意大利为斯洛文尼亚提供军事保护，从而保持两国地缘上的亲近关系，诸如此类的合作比比皆是。这仅仅是斯洛文尼亚同其他国家进行双边合作的一个例子。此外，斯洛文尼亚同法国之间也有军事和外交合作。这种合作的目的是靠近同法国和英国的距离，表明自己并不把命运交给某个单独的组织。

正式进入欧洲体系之后，斯洛文尼亚同原南斯拉夫各国的距离越来越远，同这些国家之间的关系考验着新的政府。斯洛文尼亚力争同所有国家保持友好政治关系和务实的商业合作。同邻国之间的分歧也尽量通过欧盟等组织协商解决。

对于同英国的关系，斯洛文尼亚非常谨慎。斯洛文尼亚一直清醒地认识到它同欧盟和北约的关系决定了必须和英国的政策保持一致。比如在2007—2013年间，斯洛文尼亚精心计算过它在欧盟中的利益得失。在扬沙2004年组阁政府的时候，他致力于2007年加入欧盟。很多人担忧入盟的年费的问题，作为一个新的成员国，斯洛文尼亚获得的欧盟资助远远大于它对欧盟支付的费用。在欧盟中斯洛文尼亚完全是一个受益者。而英国作为欧盟中的主要大国，其付出比得到的多得多。但是随着2007年保加利亚和罗马尼亚等国家的进入，斯洛文尼亚将失去低收入国家的待遇，从而支付的费用比获得的资金要多。斯洛文尼亚认为这种前景不利于说服本国的人民接受欧盟，也会产生一些政治问题。这从一个侧面反映出斯洛文尼亚在欧洲的经济地位得到了飞速发展，同英国等发达的欧洲大国一样进入了经济上领先的国家行列。

斯洛文尼亚不仅同意大利保持地缘上的亲近，同英国保持政治上的一致性，它同奥地利也保持良好的关系。同奥地利的关系可以追溯到哈布斯堡王朝，斯洛文尼亚在刚刚建国的时候，就致力于同之前哈布斯堡王朝的成员国继续历史友好关系。这个北方的邻居应该对兄弟国家给予支持和帮助。1991年斯洛文尼亚对奥地利没有第一个表示承认其独立地位表示遗憾。两个国家在一些小的事情上也有摩擦，比如奥地利对待国内的斯洛文尼亚少数民族一直不好；再比如，斯洛文尼亚一直拒绝对1945年离开斯洛文尼亚的德国人归还财产。但总体上看两国关系一直保持良好。

除了同欧盟和北约成员国搞好关系之外，斯洛文尼亚也很重视同美国的关系。这种态度和欧洲的大多数国家没有两样。1999年美国总统克林顿出访斯洛文尼亚，2001年布什总统出访斯洛文尼亚，进一步巩固两国友好关系。斯洛文尼亚树立自己是东欧和西欧枢纽的地位，能够建立东欧同西欧之间的联系。2002年在美国的主张下，斯洛文尼亚参加了北约峰会，树立了欧洲领导者的形象。为了支持美国，斯洛文尼亚参加了国际维和部队并出兵阿富汗，同美国的利益保持一致是为了赢得这个小国家的安全利益。

2. 与北约和欧盟的外交关系

2004年斯洛文尼亚加入欧盟和北约，给这个国家的人民增加了极大的信心。这两个事件对这个新国家的成立和作为独立的国家在国际上发出自己的声音有着积极的意义。但是加入这些组织的过程也对传统文化的保持构成了挑战。一方面从全国投票来看，支持进入上述组织的国民人数很高，比法国加入欧元区时国民的意愿强烈。但是比起中东欧其他国家，赞成加入欧盟的意愿并不算高。

事实证明，加入北约和欧盟对国家的发展有诸多益处，保证了这个小国的人民能够主宰自己的命运，以开放的姿态对待国际社会。2007年该国成为第十三个正式使用欧元的国家。

第七章 外交

2005年斯洛文尼亚担任欧洲安全和合作组织轮值主席，承担起领导和协调该组织的政治角色，这个政治角色是由国家外交部部长完成的。欧洲安全和合作组织起源于之前的欧洲安全合作会议，该会议由于不具有法律和政治的手段，因此不具有执行力。在1994年该会议成为一个常设机构。尽管该组织具有了一定的行政能力，但在国际事务中发挥的作用并不是很大。该组织主要关心人权、人类安全、合作和民主等问题。由于该组织的力量还很小，在国际事务中发挥的作用并不大。

独立后的几年中斯洛文尼亚善于利用双边协商获得国际支持，减少压力，促进合作。此外，那届轮值中斯洛文尼亚提出的"欧盟集体主席制度"被采纳，也就是说以后欧盟不再采用轮值主席制度。这是当时斯洛文尼亚作为一个新的国家日渐成熟的表现。

3. 与中国的外交关系

（1）中国和斯洛文尼亚交往简史

历史上，有关中国和斯洛文尼亚早期交往的记载很少，但有一位历史人物却是值得记住的，他就是出生于斯洛文尼亚的天文学家、传教士刘松龄。刘松龄于1738年抵达中国，不久被乾隆皇帝召入清朝宫廷为官，在钦天监"行走"。他传教未成，却在清宫供职30余载，其间担任钦天监监正28年，官至三品。他曾参与编修了《仪象考成》一书，主持设计了天球仪和玑衡抚辰仪（后者现存于北京古观象台），参加绘制地图，曾测算当时中国人口总数为1.98亿，还对中国喀斯特地貌进行过研究。刘松龄是中西科学和人文交流的先行者之一，也是中斯早期交流的第一人。

在南斯拉夫时期，中斯交往频繁，建立了深厚的友谊。中国四川省成都市曾与卢布尔雅那市结为友好城市。中国改革开放初期，中方曾派团到斯洛文尼亚考察学习其发展经验。1992年，中斯两国正式建交后，双边关系发展顺利，高层交往不断，经贸、文教、科技、旅游等领域合作全面展开。两国政府就经贸合作、相互投资、避免双重征税、科技文合作、互免外交和公务签证等签订了一系列协定。中斯双方重视中国-中东欧16+1合作，并在这一框架内积极拓展双边经贸往来。中国有较大数量的货物经斯洛文尼亚的科佩尔港转运到欧洲他国。自2010年始，斯洛文尼亚成为中国在原南斯拉夫地区最大的贸易伙伴之一。斯洛文尼亚在华投资30余个项目；主要生产汽车配件、电子产品、滑雪靴等；2013年中国企业在斯洛文尼亚马里博尔市合资建立了大巴生产企业。

(2) 中斯外交大事记

1992年4月27日，中国正式承认斯洛文尼亚，5月12日两国签署建交公报，正式建立外交关系。5月22日，联合国大会通过决议，同意接纳斯洛文尼亚共和国以独立国家身份加入联合国。中国投了赞成票。6月13日，李鹏总理在参加联合国环境与发展大会期间会见斯总理雅奈兹·德尔诺夫舍克。

1993年4月28日，中国首任驻斯大使鲁培新向斯总统米兰·库昌递交国书。6月6日—19日，斯外交部国务秘书伊格纳茨·戈洛布访华。9月12日—14日，中国国务院副总理兼外交部部长钱其琛访斯。这是1992年中斯建交以来中国领导人首次访斯。双方签署两国政府《鼓励和相互保护投资协定》《科学技术合作协定》《教育、文化、科学合作协定》《中斯外交部磋商议定书》。10月15日，斯首任驻华大使伊万·塞尼查尔向江泽民主席递交国书。

1994年5月27日—31日，应斯议会外委会邀请，中国全国人大外事委副主任委员周觉访斯。5月31日—6月5日，应国务院副总理兼外交部部长钱其琛的邀请，斯副总理兼外交部部长洛伊泽·佩泰尔莱访华。双方签署《中斯政府关于互免持外交和公务护照者签证的协定》和《新华社与斯通社合作协定》。

1995年2月13日—17日，应李鹏总理邀请，斯总理雅奈兹·德尔诺夫舍克对中国进行正式友好访问。这是斯政府首脑对中国的首次访问。双方签署《中斯政府关于对所得避免双重征税和防止偷漏税的协定》。6月10日—16日，斯议会国际关系委员会主席博鲁特·帕霍尔访华。7月16日—18日，斯外交部国务秘书伊格纳茨·戈洛布访华，进行两国外交部磋商。

1996年10月14日—19日，应江泽民主席邀请，斯总统米兰·库昌对中国进行国事访问。双方签署《中斯联合公报》。

1997年9月10日，中国新任驻斯大使吴俊峰向斯总统米兰·库昌递交国书。9月23日，钱其琛副总理兼外交部部长在出席第五十二届联大期间会见斯总统米兰·库昌。

1998年10月11日—16日，斯外交部国务秘书埃尔奈斯特·佩特里奇访华，进行两国外交部磋商。

第七章 外交

1999年11月10日—14日，应中国外交部部长唐家璇邀请，斯外交部部长博里斯·弗尔莱茨访华。

2000年6月13日—15日，应斯国民议会主席雅奈兹·波多布尼克邀请，中国全国人大常委会委员长李鹏访斯。8月16日，中国新任驻斯大使杨鹤熊向斯总统米兰·库昌递交国书。

2001年2月21日—24日，应斯总理雅奈兹·德尔诺夫舍克邀请，中国国务委员吴仪访斯。6月3日—12日，应全国人大外事委员会邀请，斯议会外委会主席耶尔科·卡钦访华。

2002年5月12日，中斯建交10周年。中国国家主席江泽民和斯总统米兰·库昌、全国人大常委会委员长李鹏和斯国民议会主席博鲁特·帕霍尔、国务院总理朱镕基和斯总理雅奈兹·德尔诺夫舍克以及外交部部长唐家璇和斯外交部部长迪米特里伊·鲁佩尔分别互致贺函。5月14日，中国新任驻斯大使徐坚向斯总统米兰·库昌递交国书。5月19日—22日，应斯国民议会主席博鲁特·帕霍尔邀请，中国全国政协主席李瑞环访斯。5月28日—6月1日，应外交部部长唐家璇邀请，斯外交部部长迪米特里伊·鲁佩尔访华。6月9日—12日，应斯外交部部长迪米特里伊·鲁佩尔和斯议会外委会主席耶尔科·卡钦邀请，中共中央政治局委员、中共上海市委书记黄菊访斯。

2003年1月16日－18日，斯外交部国务秘书萨穆埃尔·日博加尔来华进行两国外交部磋商。5月31日，国家主席胡锦涛在出席俄罗斯圣彼得堡建城300周年庆典期间，同斯总统德尔诺夫舍克进行简短交谈。12月3日—6日，斯总理安东·罗普正式访华。

2004年7月，斯议会外委会主席卡钦访华。11月30日—12月5日，应全国政协邀请，斯国民委员会主席雅奈兹·苏什尼克访华。

2005年3月，中国外交部副部长张业遂访斯，进行两国外交部磋商。4月，全国政协副主席、社科院院长陈奎元访斯。7月，斯新任驻华大使马里安·森森向胡锦涛主席递交国书。

2006年8月30—31日，应斯洛文尼亚政府邀请，唐家璇国务委员访斯。斯总统德尔诺夫舍克、总理扬沙、外交部部长鲁佩尔分别会见。9月11日，温家宝总理在芬兰举行的第六届亚欧首脑会议期间会见斯总理扬沙。11月，斯议会外委会主席约热夫·耶罗夫舍克访华。

2007年5月，两国总理和外交部部长分别就建交15周年互致贺电；外交部部长杨洁篪与斯外交部部长鲁佩尔在汉堡举行的第八届亚欧外交部部长会议期间会晤。11月，国家主席胡锦涛致电祝贺斯新当选总统达尼洛·图尔克。11月，斯洛文尼亚总理雅奈兹·扬沙正式访华，国家主席胡锦涛和全国人大常委会委员长吴邦国分别会见，温家宝总理与扬沙举行正式会谈。

2008年5月，全国政协主席贾庆林访斯。5月12日，四川汶川特大地震发生后，斯总统达尼洛·图尔克、总理雅奈兹·扬沙和外交部部长迪米特里伊·鲁佩尔分别致函胡锦涛主席、温家宝总理和外交部部长杨洁篪表示慰问。6月，外交部部长杨洁篪访斯并参加中欧外交部部长会晤。10月，斯总统达尼洛·图尔克对中国进行国事访问并出席第七届亚欧首脑会议。

2009年7月，全国政协副主席杜青林访斯。8月，国务院副总理回良玉访斯。

2010年1月，斯洛文尼亚外交部国务秘书德拉戈留巴·本契娜来华进行两国外交部政治磋商。斯洛文尼亚新任驻华大使玛丽娅·阿达尼娅向胡锦涛主席递交国书。5月，国家主席胡锦涛在出席俄罗斯卫国战争胜利65周年庆典期间，同斯洛文尼亚总统图尔克简短交谈。6月，斯洛文尼亚总理帕霍尔对华进行工作访问并出席上海世博会斯洛文尼亚国家馆日活动。全国人大常务委员会委员长吴邦国、国务院总理温家宝分别会见会谈。中国政府代表、国务委员兼国务院秘书长马凯会见并共同出席斯洛文尼亚国家馆日活动。中国新任驻斯大使孙荣民向斯总统递交国书。

2011年3月，外交部副部长傅莹赴斯洛文尼亚举行两国外交部磋商。4月，中共中央政治局常委李长春访斯。文化部部长蔡武和斯文化部部长希尔察举行对口会见。中国新闻出版总署与斯文化部签署《中华人民共和国新闻出版总署与斯洛文尼亚共和国文化部合作协议书》。5月，全国人大常委会副委员长韩启德访斯。6月，斯洛文尼亚议长甘塔尔访华。韩启德副委员长与甘塔尔共同出席庆祝斯洛文尼亚独立20周年招待会。9月，斯洛文尼亚国民委员会主席卡弗契齐访华，习近平、贾庆林分别会见会谈。外交部副部长傅莹应邀出席斯洛文尼亚第六届"布莱德战略论坛"。

2012年4月，温家宝总理在华沙会见出席中国-中东欧领导人会晤的斯洛文尼亚总理雅奈兹·扬沙。外交部副部长宋涛赴斯洛文尼亚举

第七章 外交

行两国外交部政治磋商。中国新任驻斯大使张宪一向斯总统图尔克递交国书。5月，胡锦涛和斯总统图尔克、全国人大常委会委员长吴邦国和斯议长格雷戈尔·维兰特、国务院总理温家宝和斯总理扬沙、外交部部长杨洁篪和斯副总理兼外交部部长卡尔·埃里亚韦茨分别互致贺电，庆祝中斯建交20周年。

2013年11月，李克强在布加勒斯特会见出席中国-中东欧领导人会晤的时任斯洛文尼亚总理阿兰克·布拉图舍克。

2014年12月，国务院总理李克强在贝尔格莱德会见出席中国—中东欧领导人会晤的斯洛文尼亚总理米罗·采拉尔。

2015年11月，应国务院副总理汪洋邀请，斯洛文尼亚副总理兼农林食品部部长德扬·日丹访华。

2016年11月，李克强总理在里加16+1领导人会晤期间会见了斯洛文尼亚总理采拉尔。

2017年2月，斯洛文尼亚外交部国务秘书库雷特访华并举行两国外交部政治磋商。4月，国务院副总理张高丽访斯。5月，斯洛文尼亚副总理兼农林食品部部长戴扬·日丹赴华出席中国国际茶叶博览会；斯洛文尼亚经济发展和技术部部长波契瓦尔舍克来华出席首届"一带一路"国际合作高峰论坛高级别会议。6月，斯洛文尼亚共和国基础设施部部长加什佩尔希奇出席第三届宁波投资贸易博览会。9月，国家主席习近平访斯；斯洛文尼亚文化部部长佩尔沙克访华出席第三届中国—中东欧文化合作论坛。10月，斯洛文尼亚基础设施部国务秘书莱本访华。11月，李克强总理在出席第六次中国—中东欧国家领导人布达佩斯会晤期间同斯洛文尼亚总理采拉尔举行双边会见。

2018年4月2日—3日，由苏锦梁率领的中国香港特别行政区代表团访问斯洛文尼亚，并在卢布尔雅那市参加由香港经济贸易柏林办事处、斯洛文尼亚《时代》杂志和JT贸易发展协会联合主办的斯洛文尼亚—香港商贸促进论坛。

2018年4月10日上午，中国—斯洛文尼亚政府间经济合作联合委员会第十三次会议在北京成功召开。双方就中斯及中欧经贸关系、深化两国贸易、投资和基础设施等领域的合作、加强中斯在"一带一路"和16+1框架内经贸合作深入交换意见。

第八章 经济

斯洛文尼亚经济制度的私有化改革和市场经济的体系从20世纪90年代开始逐渐建立。本章介绍经济体制改革的背景、过程、经济发展水平、对外贸易的情况以及商业文化。

第一节 概述

1. 经济发展历程

（1）南斯拉夫时期的经济发展

在南斯拉夫时期，斯洛文尼亚的经济得到了很好的发展，在所有巴尔干半岛的国家中经济运行最好。社会主义时期的斯洛文尼亚已经完全走出了农业经济，成为以工业为主的地区经济，服务业开始得到发展。

19世纪初在哈布斯堡王朝统治下，斯洛文尼亚人主要从事农业生产，到19世纪后半叶农业人口迅速减少。1857年83%的人口为农业人口，到1910年这个数字降到了67%。第二次世界大战后，斯洛文尼亚加入南斯拉夫，1948年其农业人口的数量仅占全部人口的48.9%。随着生产力的提高，农民可以在城市售卖多余的农产品，商业越来越繁华。不能被农业和商业吸纳的人口大量移出了斯洛文尼亚。

在整个19世纪，斯洛文尼亚的主要工业是煤炭和钢铁，但是和奥匈帝国其他地区相比，斯洛文尼亚的钢铁工业并不发达。小规模的钢铁行业在1852年全国共有116家，吸纳劳动力6 600人。到1912年发展到441家，共有36 200工人。钢铁行业容纳了全国工业人口的约

第八章 经济

30%，其他行业在这个时期主要有化工行业、医药行业、船运行业、木材行业和纺织行业。除了木材行业有自己的加工产业并且利润可观外，其他行业在当时并不重要，却为未来的经济发展奠定了基础。

斯洛文尼亚的工业发展主要得益于两方面的因素：一是铁路系统的发展。1894年之前铁路交通仍然很落后，只有一条铁路从维也纳穿过马里博尔到达采列、济达尼莫斯特、卢布尔雅那，然后通向意大利的里雅斯特，另外两条支线中的一条连接奥地利的克拉根福和斯洛文尼亚的马里博尔，另外一条连接济达尼莫斯特和萨格勒布。在1894年新建的一条重要的铁路线连接新梅斯托和卢布尔雅那，后来又延伸到了科切维。到20世纪，铁路网络已经能够运输大批的原材料和产品了。

促成工业发展的第二个因素是银行业的发展。斯洛文尼亚外部资本的投入数量是国内资本的10倍。国外投资主要来自德国和捷克。比如，耶瑟奈斯钢铁公司主要依靠德国和维也纳的资金，煤矿的资金来源主要是法国。当然也有相当一部分的斯洛文尼亚本国的资金注入。工业的发展对银行业的发展提出要求，首先在1872年卢布尔雅那出现类似于银行的组织。这些银行一般是从富有的农庄发展出来的，并且在维也纳城市享有很大的自主经营权，银行经营的范围往往不局限于本国。1900年卢布尔雅那成立信贷银行，聚集的资金达到50万克朗，为提供商业贷款成为可能。但卢布尔雅那的银行并不是最大的银行，1905年在当时的重要港口和商业中心的里雅斯特，亚得里亚海银行做得非常成功，他们把生意扩展到了很多城市，包括维也纳、卢布尔雅那和哈布斯堡王朝很多其他的地方。不仅如此，他们在纽约控股弗兰克·萨斯克银行，在智利开设南斯拉夫银行。总之，在第一次世界大战之前，农业依然是斯洛文尼亚主要的生产方式，但钢铁、煤炭等重工业以及商业已经开始发展。

在当时，巴尔干半岛上大的经济体，斯洛文尼亚、塞尔维亚和克罗地亚的农业、工业和商业都在发展，但是由于南斯拉夫王国（1918—1945）同周围的意大利、德国和土耳其都有战争，国家并没有精力发展经济。也是由于战争的影响，人们对外资投入不感兴趣。政府和国外投资者并没有快速发展工商业的意愿。在第二次世界大战爆发前，国家经济主要依靠农业。由于在社会、政治和经济上落后于德国，战前的斯洛文尼亚严重依赖德国的支持。

南斯拉夫在发展经济时一直面临着地区发展不平衡的困境。一方面斯洛文尼亚、克罗地亚等西部地区经济发达，而塞尔维亚、黑山、马其顿等地区则农业生产落后。国家发展的重点陷入两难：应该优先发展西部工业来支援东南部地区的穷困面貌改变，还是应该重点进行落后农业的改善，保证国家的政治稳定，减少地区差异？考虑到社会和政治的因素，南斯拉夫最终选择了后者，也就是促进农业的改善。

在两次世界大战期间，南斯拉夫的工业和商业依然得到了发展。在20世纪20年代的十年间南斯拉夫新增1 000多家商业公司，总价值增长30%，仅仅是在斯洛文尼亚的土地上就新增了150家工业企业。在第二次世界大战开始的时候，斯洛文尼亚有785家工业企业，但这些企业规模都很小，从事的都是传统行业：林业（118家）、纺织（109家）、建筑材料（101家）。其他快速发展的行业还包括金属冶炼和纺织机械。煤炭和钢铁依然很重要，但面临来自塞尔维亚等地区企业的强烈竞争，因为它们的企业运作成本较小，市场竞争力更强。

这一时期电力行业得到了充足的发展。工业的发展也促进了铁路运输和银行信贷的发展。斯洛文尼亚当时共建立了595个水电站，154个火电站。在电力行业快速发展的支持下，斯洛文尼亚的工业企业总量占整个南斯拉夫的四分之一。

然而所有这些工业的发展还是无法吸纳由于机械化发展从农业中解放出来的人口。人口过剩的问题又因当时世界性的经济萧条而变得更加严重。小工商业主勉强能够生存，但是大量的农场工人失业，造成了很大的社会问题。20世纪30年代世界性的经济危机对工商业的发展造成了阻碍，但是总体上看在两次世界大战期间，斯洛文尼亚工业发展依然迅速。

到第二次世界大战结束时，工业对国民生产总值的贡献为29.7%。斯洛文尼亚工业经济总量占南斯拉夫的20%。这种经济地位在第二次世界大战后共产党执政时期得到了巩固和加强。虽然在南斯拉夫社会主义时期，国家实行计划经济和统一管理，但是经济政策中给斯洛文尼亚很大的自我管理自由。在这段时期，总体上看经济转型非常迅速，农业人口从第二次世界大战结束时候的50%，降到了1971年的20%。到1991年斯洛文尼亚独立时，农业人口仅仅占全国人口的

第八章 经济

8%。这标志着斯洛文尼亚经济已经进入现代化阶段。

工业化是现代化的主要标志。第二次世界大战结束后，南斯拉夫立刻开始投入恢复生产。对现有工业的恢复是经济发展的第一步，这时的经济发展主要参考苏联模式，考虑到斯洛文尼亚的经济基础雄厚，当时的政策制定者认为，斯洛文尼亚的工业生产在两年之内就可以恢复，但其他地区的工业经济建设则需要更长时间。

工业快速发展的同时，农业发展却停滞不前，甚至出现倒退。由于工业的发展，更由于国家意识形态的干预，私有化农庄大面积减少。南斯拉夫在这段时期推行土地的公有化和集体农庄制度，但是并没有完全套用苏联模式，在集体化的时候，依然保留了小部分的个人农田作为集体经济的补充。这个政策符合斯洛文尼亚小农经济传统。除了少部分个人农田之外，大部分的农业耕地收归国有，发展大规模农业经济。在20世纪50年代国家投入了一大批农业生产的器械，目的是实现粮食的自给自足。

但是经济的发展表明，由于实践上的偏差和意识形态的作用，集体农庄的发展并没有小部分的自由农田发展得好。在其他的行业中也是如此：20世纪60年代人们投入更多的精力在发展自留地上，更关键的是随着农民自己有了积蓄，他们开始购买农业设备。20世纪70年代的国家经济依然向着个体方向发展，1974年南斯拉夫修改宪法，支持私有化农庄的发展。私有农庄不仅可以自己耕种，还可以出租。这些政策的引入加速了农业的发展和产量的提高。

20世纪50年代中期，这种实用主义的经济发展模式也出现在其他的经济领域。从重建到1955年的十年间，南斯拉夫全面模仿苏联模式，发展集体工业。但是在20世纪50年代，南斯拉夫和苏联之间产生了矛盾冲突，他们开始重新评估全面公有化的生产模式，认为应该停止煤炭和钢铁的"大跃进"生产，转而采用"自我管理的社会主义"，也就是所谓"修正的社会主义模式"，促进各个方面产业的发展。在管理方式上，中央简政放权，更多的决定由地方政府来做。制造业和服务业开始得到发展。

20世纪60年代的斯洛文尼亚对外发展经济和旅游，在政治和经济思潮中市场化经济、现代化生产过程和新技术的采用是经常被讨论的话题。斯洛文尼亚由于经济发展好，也成为国家投资的重点，新型的产业如电子、银行、金融、服务等都有大量的资金涌入。到20世纪70年代末，斯洛文尼亚的制造业占有了南斯拉夫的国内市场，也发展了生机勃勃的出口贸易。

20世纪80年代末，国家经济政策出现了一系列的问题：首先经济发展的外部环境不好。斯洛文尼亚的经济同欧洲经济紧密相连，但是在20世纪80年代欧洲经济形势出现了下滑，外国在斯洛文尼亚投资数量减少，出口贸易也受到影响。虽然20世纪70年代的工业发展吸纳了大量的劳动力，在20世纪80年代却出现了生产效率低下和人浮于事的现象。但是尽管如此，斯洛文尼亚的产品在南斯拉夫国内和国际市场上依然有竞争力。政府不得不解决下岗工人的社会保障问题，同时小型农场的生产效率低下，农产品价格高，从而导致市场竞争力低下。最后，最关键的问题是国家中央集权的政策、经济和财政管理方式同市场化的经济发展不适应。

斯洛文尼亚和南斯拉夫之间的不协调越来越明显。这种不协调是由南斯拉夫内部各个地区经济发展的不平衡造成的。举一个例子，在第二次世界大战期间德国占领卢布尔雅那，并在那里修建了一个铝厂，生产军工产品。在德国撤退后，南斯拉夫政府想把这个铝厂的机器拆分搬迁到亚得里亚海的东南部地区扶持当地经济发展，也因为那里有丰富的铝矿资源。但实际上卢布尔雅那也有铝矿资源，而且电力、交通等设施完备。为此斯洛文尼亚和联邦政府展开谈判，最后在铁托总统的主持下，才放弃了搬迁。

斯洛文尼亚的投资大多来自南斯拉夫政府，从1953年开始的投资主要来自当地的财政收入，在此之前的基础投资部分来自南斯拉夫自己的资金，也有一部分来自国际投资。但后来斯洛文尼亚和南斯拉夫的主要矛盾在于斯洛文尼亚大量的产品和税收都交给了联邦，用于支持其他地方的建设发展。比如在1953年和1954年，斯洛文尼亚税收中23 927和30 427第纳尔（当地货币单位）被南斯拉夫拿走，这相当于斯洛文尼亚六分之一的国民收入，也相当于每年用于当地投资资金的50%。

南斯拉夫的经济制度对斯洛文尼亚经济发展的影响可以总结为两个方面：第一是大量被联邦拿走的资金本来可以用于本地的投资，过度的税收指标被斯洛文尼亚视为剥削利用。第二是这些被占有的资金用来投资在东南部地区过时而落后的工业上，并没有取得这些地区快速的经济发展，也阻碍了斯洛文尼亚本来可以使用这些资金进行设备更新、生产重组和市场化改革等，以保证经济的持续发展。这两者共同促成了斯洛文尼亚希望经济独立的举措。

斯洛文尼亚希望建立和欧洲接轨的市场经济。该地区的经济发展程度、经济的多样性还有优质的技术工人，这些条件决定在市场化的过程中斯洛文尼亚需要进行的调整要比南斯拉夫任何其他地方，乃至比整个中东欧地区任何其他国家都要容易得多。这是斯洛文尼亚最终脱离联邦的重要原因之一。然而，斯洛文尼亚经济的发展同南斯拉夫前后两个时期中宽松的自治政策离不开。

2. 经济体制的转轨与私有化

作为前社会主义国家，斯洛文尼亚面临着双重的转型：一方面是经济上的全面市场化；另一方面是作为一个新成立的国家政治外交等各种制度的建立，同时也涉及资源的再分配。社会主义时期的公共费用很高，但是新成立的各种外交、国防等的支出要花费更多的财政收入。

重组意味着法律制度和市场经济制度的完善，这些对一个国家来说不是一蹴而就的事情。对于前社会主义国家尤其困难，因为公有制基础上全部私有化带来的利益冲突可能是致命性的。而对于投资、银行、金融、商业、税收和财政政策来说，明确财产所有权至关重要。

财政政策不仅对一个健康的经济环境重要，对整个的经济重组也很重要。首先宏观政策能够保证稳定的经济环境，减少因为转型带来的经济动荡，其次中央财政制度对整个市场经济制度至关重要。第三，从短期来看，重组至少会带来一些成本，而财政政策可以确保外部财政支持应对经济动荡。财政政策在转型中的作用表现在：采取措施增加税收，增加雇员的工资福利，提供充足的社会保障资金，以及进行新产业投资。

公司需要放弃旧的社会保护体系而采用新的规则鼓励竞争和盈利。在过去的集体农庄里面每个人都有工作的权利，但实际上农场和工厂都存在人浮于事、生产效率低下的问题。1986—1993年失业人数从13 946上升到137 142。尽管如此，还有一些大的国有企业考虑到社会安定的因素而没有进行彻底的人员清理。

商业的成功要依靠银行和金融部门的重组，包括对银行的拍卖和新银行的组建。1991年成立的银行改制领导小组，负责这件事情。卢布尔詹斯卡银行在1992年更名为新卢布尔詹斯卡银行，发行政府支持的三十年债券，提供8%的利率来抵消银行的呆账和坏账。其他银行也采取了类似的措施。国际金融组织似乎对该国很有信心，他们争相购买银行债券。

很多银行在此期间进行了重组，1996年诺里库姆银行和采列银行合并。特里格拉夫商业银行宣布破产。1997年斯洛文尼亚一共有52家银行，其中三家主要的银行有国有股份在其中，它们是新卢布尔詹斯卡银行、马里博尔新信用银行和新戈里察的商业银行，这三家银行拥有全部银行资产的52%。另外17家银行有国外资产，其中奥地利银行全部是外资。

除了银行之外，金融改革的另一个内容是建立了证券市场。但是在国家建立的前5年，证券市场的规模还很小。1997年政府选择在卢森堡发行欧元国债，而没有选择自己国家的证券市场，可见当时对新市场的担忧。在卢布尔雅那的证券市场，一共有37家企业进行股权资产交易，但是市场严重缺乏资金。

当时斯洛文尼亚的证券市场资金呈现出结构上的匮乏：首先是个人投资数量少，本国人从来没有了解过股票市场，不知道如何购买股票，而对股票市场的运作缺乏了解也影响了公司的参与热情。其次，国家限制外资的大量流入，他们害怕大量的外资流入会抬高整体股票的价格，因此国家对外资进行严格的监管，这一点受到很多国际投资者的批评。

最后，斯洛文尼亚的外国直接投资数量有限。虽然也有国外公司对直接投资感兴趣，但是其数量远远不能满足需求。这一点在1995年之后有了不少改变。1996年的外商投资中，34%来自奥地利，18%来自克罗地亚，14%来自德国，7.5%来自法国，7.4%来自意大利，4.7%来自英国。国外投资针对的领域也不一样。法国的雷诺汽车同一家斯洛文尼亚的汽车生产公司合作，而克罗地亚的直接投资主要在一家核电厂。缺乏外资的原因主要是由斯洛文尼亚市场比较小，无法消化国内生产的产品造成的，除非公司能准确在国际上找到销路，否则很难吸引到外资。

第八章 经济

斯洛文尼亚私有化的进程也没有计划的那样快。虽然在1991年建立国家的时候就提出私有化，但实际上私有化开始很慢。因为私有化是一件很复杂的事情，对斯洛文尼亚来说私有化不仅面临着观念上的转变，还有法律和实践上对所有权概念的界定。在1994年到1996年期间有三分之一的公司进行了私有化，1998年有95%的公司实现了私有化，国家经济运行进入市场化运作。

土地和财产私有化不是一件容易的事情。在社会主义时期，大部分土地归国家所有，国家不愿意把土地归还罗马天主教。在南斯拉夫时期，原来属于天主教会的35 000亩茂密的林地没收为国有财产。按照1996年的私有化法律，这些森林应该归还罗马天主教会，但是斯洛文尼亚不同意归还，认为第二次世界大战以后这些财产就属于南斯拉夫，天主教会对这些财产早已丧失了所有权。同样要求归还财产的还有奥地利人和意大利人，这些人很多在社会主义时期已经离开了斯洛文尼亚，对于他们是否还对原来的财产具有所有权也存在分歧。

斯洛文尼亚经济重组时期面临的困难已经很多，可是这个时期还有严重的经济危机同时存在。1991年的工业产量降低了9.3%；1992年再次降低6%，失业率大幅度上升，贸易大量减少。斯洛文尼亚在南斯拉夫时期的主要销售市场在克罗地亚，1993年之后，对外贸易的主要国家转为德国和意大利，克罗地亚只排在第三位。到1997年的时候斯洛文尼亚的出口主要面向欧洲市场，出口欧盟的贸易占到出口总量的三分之二。

转型中有一些经济受到了长期致命打击。以制造坦克零件的TAM公司为例，独立后该公司全部破产，转而生产非军工产品，规模缩小到原来的四分之一。在1996年因转产的汽车无法同激烈的国际市场竞争，公司再次倒闭。

斯洛文尼亚从南斯拉夫独立出来有两个主要的后果，首先是影响斯洛文尼亚同其他国际金融组织之间的关系，新成立的国家必须逐步建立同这些组织之间的关系。而在此之前还要解决国家债务问题。斯洛文尼亚当时的政治领袖主动承担了南斯拉夫所欠的18%的国债，为斯洛文尼亚赢得了广泛的国际好评。另外一个后果是国家分裂时期发生的武装冲突对投资者信心的影响，虽然在斯洛文尼亚只有10天的武装冲突，但是半岛的其他地方，战争一直持续到1995年。这种动荡的外围环境难以说服国外投资者进入。

这种影响在旅游业上表现最为明显。南斯拉夫解体之前旅游业是外汇的主要来源，但1991年的变革使旅游业几乎停止。1990年入境的旅游人数有1 095 000，在1991年这个数字降到了299 000，在1992年几乎没有入境游客。到1996年旅游人数逐渐回升到了831 895，旅游总收入达到12.2亿美元。这个数量已经基本恢复到了国家成立之前的程度。

斯洛文尼亚国家经济重组的成果是明显的，但是国家独立的成本也是巨大的，而且独立并不能确保改革的成功。经济转型同新国家机器的建立都在困难中实现了，转型后的斯洛文尼亚经济开始稳步发展。

3. 独立后的经济发展和表现

旅游业的复苏和对经济的重要贡献从一个方面表明，对这个国家来说，服务行业正在变得越来越重要。但转型后的出口依然低迷，主要是由于较高的成本所导致的，而高成本导致出口的产品缺乏竞争力。对斯洛文尼亚说，出口是经济的主要来源，所以转型初期的经济发展并不遂人意。

1996年服务行业在GDP中占比57.1%，而制造业仅仅占GDP的28.8%。农业和建筑业各占全国GDP的5%，其余的贡献来自采矿业和其他。出口的结构多样化，这也意味着国家出口的经济并不单纯依靠一个行业。比如在制造业中，交通运输设备、机械、电子产品、光学仪器、金属、合成金属制品、化学产品都占12%~13%，纺织设备和纺织品占9%左右。

但是服务业占据了全部经济活动的主要部分，成为财富的主要贡献者。服务业的收入成为国家的主要收入，服务业从业人员的收入为国家的贸易平衡做出了重要贡献。尽管服务业仅仅占全部出口贸易的五分之一，但服务业收入总是处于盈亏平衡表的正面，而产品出口则有时会出现负增长。1996年斯洛文尼亚同欧盟签订合作条约，在大部分领域取消关税，此外同中东欧地区的商业也开始恢复和发展。国家经济前景看好，但也存在一些不利于发展的因素。

经济发展有几个比较脆弱的方面，其中一个是国家经济出口中大量的贸易是面向德国的出口，这样斯洛文尼亚的经济同德国的经济运行紧密联系，倘若德国经济发生疲软，或者国内出现动荡（比如东西德的合并)，则斯洛文尼亚经济会受到相应的影响，但实际上这种担忧并没有发生。

另外一个经济发展方面的担忧是意大利和奥地利的一日游游客会因为斯洛文尼亚加入欧盟而减少。有很多意大利人和奥地利人来斯洛文尼亚是为了购买低价的汽油。但是如果斯洛文尼亚进入欧盟，汽油的价格要同欧盟成员国保持一致，则会影响这部分游客的数量。

经济发展的另外一个问题是产品贸易的赤字。由于进行的经济重组中，各个产业的转型、机器设备的淘汰和新设备的购买，在转型的这段时间投资拉动的产品进口依然会继续，会造成外汇收入的赤字。如果服务贸易的盈利难以抵消这部分损失，则经济发展的速度可能受到影响。

外资的间接投入方面也有风险。在这个急需投资的国家，资本的增值却带来很多压力。一方面资本的增值是由于斯洛文尼亚银行的高利率造成的。斯洛文尼亚的商人更愿意在国外寻求贷款，造成外资进入国内。另一方面外资也愿意存放在斯洛文尼亚银行获取高额利息，资本的增值要求对经济的发展造成一定的压力。

财政政策要求一方面减少通货膨胀，主要通过利率等经济杠杆实现，另一方面避免因货币的过高估值而导致出口企业的受损。而银行利率高导致的资本增值快会引起本国货币的价值走高。资本的增值和通货膨胀对出口企业造成严重的影响，过高价格的产品在市场上不具有竞争力。对外经济的受损，外币储备的减少都影响经济的总体表现。因此政府通过限制外资的流入和国外投资，这方面的政策从客观上造成了外资流入的减少，但从1998年准备进入欧盟开始，这种政策被取消了。

通货膨胀也影响了经济的发展，并且是影响经济的主要因素。通货膨胀率从90年代初的100%，逐步降低到1997年的8.3%，但是由于工资水平年增长12.1%，很难做到通货膨胀持续降低。奇怪的事情是当时失业率高达14.1%，往往高失业率下，工资水平应该很低，但斯洛文尼亚同时存在高失业率和高工资。导致这个现象背后的原因是当时的生产主要吸收受过良好训练的掌握高技术的工人，而大多数失业者是没有高端技术的工人。这也反映了当时单靠个别高技术产业，无法吸纳全部劳动力的状况。虽然绝对失业人数并不高，只有127 000

人，但是政府需要投入教育培训实现这些劳力的就业。

失业和工资增长同公司盈利能力有关，到1997年大部分公司进入盈利模式。从1993年开始GDP持续增长，但是如前所述，各种外在压力导致增长的速度很慢，到1997年GDP增长幅度达到3.8%，总体来看经济向好，但是仍有困难需要克服。

在所有的经济增长障碍中最主要的问题是：一方面这个国家的面积很小，人口很少，导致生产资源有限；另一方面国内市场无法容纳过多的产品，对外贸易至关重要。如果没有进出口，国家经济活动无法展开。斯洛文尼亚和英国一样，开展服务贸易比较具有优势，无论是旅游业还是金融服务业都是如此。开展服务贸易需要开放和灵活的经济政策，这对于这个新国家的经济政策和文化政治观念提出变革的要求。

总之，从国家的独立起，斯洛文尼亚的经济开始逐步向好的方向发展：对外贸易同独立前一样是主要的经济支撑，但贸易的内容从产品制造转向了服务。总体来看，经济结构和出口都具有多样性。但是在实现宏观经济的平稳和繁荣方面遇到很多困难，比如：抑制通货膨胀的政策导致了资本增值和货币增值，对出口行业造成影响。实际上，转型时期表明，任何小的经济体如果要在世界经济背景中找到自己的位置，只有通过对外开放才能实现。

第二节　农业

1. 发展及政策

斯洛文尼亚的小麦、食用油、糖等农产品不能满足国内需要，每年需要进口；供出口的农产品主要是水果、葡萄酒、小牛肉等。在斯洛文尼亚整个经济中，农业部门所占比重呈下降趋势；农业部门各年的生产波动较大，总体上呈停滞状态。在1991—1993年的转轨初期，农业生产曾连续三年下降；在1994—2002年的经济恢复和增长期内，农业生产仍然波动不定。2015年农业用地476 900公顷，农业人口8.13万人，农业总产值约8亿欧元。

斯洛文尼亚政府对农业实行一定的保护政策，为了履行世贸组织、中欧自由贸易协议、与欧盟的联系国协议的义务和满足加入欧盟的要求，斯洛文尼亚政府制订了农业改革计划，主要目标是放开农产品价格，采取措施稳定市场，同时按照欧盟标准对农业提供补贴。

斯洛文尼亚制定的农业发展战略的主要目标是，使经济、社会、环境保护相结合，降低农业生产成本，提高农业生产率和产品质量，鼓励多种经营和增加就业，减少农业对环境的破坏，发挥农业的环境、生态、社会职能，为人们提供健康的食品和健康的生活条件。斯洛文尼亚农业部和环境部支持有机农业产业，政府还大力鼓励通过生态农业和农业旅游促进农村地区的发展，尤其是高寒地区的生态农业发展受到更多重视。

1998年，斯洛文尼亚与欧盟开始入盟谈判后，与欧盟共同制订了2000—2006年农业发展计划，使斯洛文尼亚农业在欧盟援助下（欧盟开始提供援助候选国农业和农村发展的专项基金）逐步达到欧盟标准。2000年，斯洛文尼亚已开始对不利于环境和生态的生产实行按土地面积付费，用于促进农业可持续发展和支持生态健康产品的生产。2003年5月，斯洛文尼亚与欧盟签订了关于农产品贸易进一步自由化的协议，规定斯洛文尼亚向欧盟出口的农产品中90%免税，从欧盟进口的农产品中75%免税，同时欧盟放宽斯洛文尼亚向欧盟出口的禽类、肉类、蜂蜜、蔬菜等的配额，斯洛文尼亚向欧盟出口的小牛肉和各类谷物享受普惠制待遇。

根据现行欧盟立法，欧盟并不禁止生物技术在农业中的使用。但欧盟委员会现在提出允许会员国自由限制或禁止转基因技术的使用。

2. 农作物

斯洛文尼亚的主要作物是小麦、玉米、大麦、甜菜、土豆、饲料玉米、苜蓿等。水果主要有苹果、梨、桃、杏、李子等，葡萄品种优良，葡萄酒业较发达。

3. 畜牧

斯洛文尼亚约有一半以上的面积由森林所覆盖，其森林覆盖率在欧洲各国中位列第三，仅排在芬兰和瑞典之后。山区和林地水草茂盛，适合畜牧业生产，以养牛、养猪和饲养各种禽类为主，还有养马、养羊、养兔、养蜂等。

4. 有机农产品

有机农业是基本上不使用化学品或转基因生物。近年来斯洛文尼亚发展了越来越多的有机农场。有机畜牧业依赖当地的自然草场，这些草场成为哺乳母牛放牧草地。但是由于国内人口少，有机乳品产量不高。此外，水果和蔬菜也是主要的有机产品，但是一般生产规模小，直接在当地市场销售。

第三节　工业

斯洛文尼亚独立初期，由于丧失南斯拉夫的广阔市场和转向西欧市场，为了适应西方市场需要而进行了经济结构调整，使工业生产在1991—1993年出现了大幅度下降，1994年开始回升，1994—1998年有所增长，但工业部门生产所需原材料有相当部分靠进口，生产的产品也有很大部分供应国外市场，生产的增长往往因国际经济形势的变化而出现波动。

斯洛文尼亚主要工业部门有汽车制造、机械设备和家用电器制造、电气机械和仪表制造、化工（含制药）、电力能源、冶金、橡胶及塑料产品加工、非金属矿物质制品加工、食品饮料加工、木材加工、家具制造、造纸、印刷出版、纺织、成衣和皮革制品加工等。2015年工业总产值为108.77亿欧元。

1. 加工业

加工业是斯洛文尼亚工业中最重要的部门。斯洛文尼亚的加工业主要包括食品加工业、纺织业、皮毛加工业、木材加工业、造纸和印刷出版业、焦炭和石油冶炼业、化工业、橡胶和塑料加工业、非金属加工业、金属加工业、机器制造业、电子光学工业、交通工具制造业等。

2. 机器制造业和交通工具制造业

机器制造业和交通工具制造业是斯洛文尼亚的最重要支柱产业。机器制造业的主要产品为农用拖拉机，其他农林用机械，冶金机械，金属加工机械，食品、饮料、烟草加工机械，非家用制冷和通风设备，主要出口德国、意大利、法国、奥地利、克罗地亚等；交通工具

第八章　经济

制造业以生产轿车和汽车零部件为主，主要向波兰、捷克、克罗地亚等国出口。

3. 电机制造和电子光学工业

电机制造和电子光学工业也是斯洛文尼亚的重要支柱产业。主要电机产品为：发动机、发电机、变压器等，配电和控电设备，电灯和照明设备；电子光学工业以生产家用电器、电子计算机、电子元件及其他电子设备为主，其中包括电冰箱、冷冻机、洗衣机、烘干机等。

4. 化工业和橡胶塑料加工业

化工业是科技含量较高、外国投资较多和以出口为导向的产业，以生产药品和原料药、塑料原料、农药、涂料、清洁剂、黏合剂为主。主要产品为：塑料原料，农药，涂料，药品，肥皂，洗衣粉等，油、膏等化妆用品，胶水等黏合剂。

橡胶和塑料加工业以生产各种包装袋、塑料容器、塑料浴缸及其他洗浴用具、塑料门窗等橡胶和塑料制品为主。化工业和橡胶塑料加工业的产品主要出口到德国、意大利、波兰、美国、法国、奥地利、克罗地亚、波黑等地。

斯洛文尼亚的制药行业约有546家公司，但实际上只有33家公司生产药品。由于欧洲化工行业的悠久传统，斯洛文尼亚的制药和化工产品制造商是全国最成功的公司之一。药品是化学工业支柱性的出口产品，汽车的轮胎和内胎占第二位，第三为塑料制品。

斯特凡研究所是斯洛文尼亚首屈一指的化工研究院，附属于卢布尔雅那大学，进行材料、纳米技术和生物技术的开发。

行业最佳前景的细类包括：基础化工，油漆、清漆、釉，药品和肥皂，清洁和气味产品，人造纤维，橡胶和塑料。这些方面的原材料供应有极大的市场需求。

5. 纺织和皮革加工业

纺织和皮革加工业在斯洛文尼亚有较悠久的历史，是劳动密集型产业，主要生产纱线、布匹、服装、鞋类、皮毛制品等。纺织业的主要产品为纱线、棉布、人造纤维织品、连裤袜、袜子；皮毛加工业的主要产品为男式和儿童皮毛外衣、女式皮毛外衣、男式和儿童毛织内衣、女式毛织内衣、皮鞋。产品主要出口德国、意大利及欧盟和欧洲自由贸易协议成员国。

6. 木材加工业、造纸和印刷出版业

斯洛文尼亚林木资源较丰富，林地覆盖面积已超过国土面积一半以上。木材加工业也是斯洛文尼亚工业中的传统产业，产品加工精细，木材利用率高，各种板材和家具是斯洛文尼亚传统的出口产品，主要出口德国、意大利、美国、奥地利、克罗地亚、比利时、法国等地。纸张及印刷品也有大量出口。

7. 食品工业

斯洛文尼亚的食品加工业技术高，品种多，主要生产各种肉类、蔬菜和水果加工品、奶制品、面食加工品、酒类及其他饮料。主要产品为：鲜肉和罐头肉、鲜禽肉和罐头禽肉、肉类和禽肉加工品、蔬菜加工品和蔬菜罐头、水果加工品和水果罐头、食用油、奶制品、奶油、奶酪、酸奶、面包、糕点、可可、巧克力和糖果、通心粉和各类面条、咖啡、白酒、葡萄酒、矿泉水及其他饮料。食品工业主要出口市场是德国、意大利、美国等地区。

食品加工的主要企业包括：乳制品企业、肉类加工企业、饮料酒水企业、面粉加工企业。

以下细分行业前景看好：加工肉制品，乳制品，烘焙产品——面包和糕点，非酒精和酒精饮料，醋；奶制品，鸡蛋，蜂蜜；肉类；小麦，谷类；糖、糖制品。

8. 动力工业

动力工业主要包括采矿业和电、气、水供应业。斯洛文尼亚的矿产资源不丰富，原有的一些矿藏已近枯竭，采矿业以产煤为主，用于发电和供热，但不能满足国内能源需要，还需进口石油和天然气。除热电站外，斯洛文尼亚的水力资源较丰富并已得到充分利用。

第四节 建筑业

斯洛文尼亚的建筑业主要从事水利、交通、工矿和农业设施、宾馆、医院等公用设施以及住房等建设，并对外承包工程。

斯洛文尼亚的建筑业产量过去十年（2007—2017）平均为-0.06%；2007的产量为49.90%，达到前所未有的高度；2016年为-36%，创

历史最低。

自2005至2016年间，斯洛文尼亚的房屋拥有率平均为79%，2006年房屋自有率达到的历史最高点84.50%，2016年为75.10%的历史新低。

2017年建筑业对全国的GDP贡献为489.40百万欧元。

第五节　旅游业

斯洛文尼亚国家虽小，旅游资源却十分丰富，从海滨到山区，从山区到平原地区，从各大城市到乡村，到处都有可供游客观光休闲的去处，可以上山（登山、滑雪）、入地（观溶洞）、下海、品酒、泡温泉。斯洛文尼亚林木丰茂，空气清新，因而被视为欧洲"绿色最浓的国家"或"绿色瑰宝"。据统计，2015年全国共有住宿房间43 100间，床位1 268 098张，旅客约390万人次，过夜约1 030万人次。国外游客主要来自意大利、德国、奥地利和克罗地亚。

1. 主要旅游区域和旅游景点

斯洛文尼亚主要旅游区是亚得里亚海海滨和阿尔卑斯山区。主要旅游景点有：皮兰古城、布莱德湖、特里格拉夫山区国家公园、波斯托伊纳溶洞等。

（1）皮兰古城

皮兰市位于斯洛文尼亚西南沿海，是一座保存完好的中世纪小城。历史上，皮兰市曾经在威尼斯共和国管辖下度过了近500年，因此城中许多建筑至今仍流露着威尼斯的风格。皮兰城虽小，但却保留着丰富的文化遗产，中世纪的建筑在城中随处可见。狭窄的街道、鳞次栉比的红瓦白墙小楼是皮兰最具特色的景致。在市中心的广场上立有著名的小提琴家和作曲家塔尔蒂尼的铜像，皮兰是他的故乡。皮兰市与克罗地亚隔海相望。

（2）布莱德湖

布莱德湖位于阿尔卑斯山南麓，从地质学角度看，它是由冰川融化后形成的湖泊，山顶积雪融水、山间清泉不断注入湖中，故有"冰湖"之美誉。布莱德湖风景优美，湖水清澈见底，湖里游着天鹅、野鸭和其他一些水禽，湖心有小岛和教堂，湖边是悬崖峭壁，峭崖上有古堡。周围绿树、绿草漫山遍野，阿尔卑斯雪峰在太阳的映照下显得清晰可见，一切都美得像一幅风景名画。

（3）特里格拉夫山区国家公园

特里格拉夫山区国家公园是斯洛文尼亚唯一的国家公园，覆盖了838平方千米的土地，与意大利和奥地利交界，占据了斯洛文尼亚4%的领土，为欧洲最古老的公园之一。

（4）波斯托伊纳溶洞

波斯托伊纳溶洞位于距首都西南54千米的波斯托伊纳市，是欧洲第二大溶洞，在斯洛文尼亚的众多溶洞中最具特色。壮观的石柱、石笋和石钟乳是历经几百万年而形成的。洞中还生活着一种名叫洞螈的两栖脊椎动物，类似娃娃鱼的珍奇动物，但体形纤巧，无鳞，有四肢，长寿百年，被斯洛文尼亚人称为"龙的后代"和"人鱼"。

2. 主要旅游城市

（1）卢布尔雅那

卢布尔雅那是斯洛文尼亚共和国的首都，位于萨瓦河上游的阿尔卑斯山脉与迪那拉山脉交汇处的卢布尔雅那盆地，坐落在卢布尔雅尼察河河畔，是斯洛文尼亚最大的城市和政治、经济、文化、教育中心，也是国际运输的重要枢纽和战略要地。这里有全国最高学府卢布尔雅那大学和一系列高等学校，有斯洛文尼亚科学艺术院及许多研究机构，有许多全国性的音乐、绘画、戏剧、电影等团体，也是新闻出版、电台电视台等方面的组织和信息中心。

（2）马里博尔

马里博尔位于斯洛文尼亚东北部的德拉瓦河两岸，大部分在河的北部，小部分在河的南部，是斯洛文尼亚第二大城市，也是斯洛文尼亚东北部的经济、交通、文化教育和科学研究中心。

（3）采列

采列是斯洛文尼亚的第三大城市，位于萨瓦河支流萨维尼亚河畔，坐落在萨维尼亚河由东向西、然后急转向南流向萨瓦河的转折处。1846年铁路通车推动了城市的现代化发展，使其成了商业、文化和旅游中心。

(4) 克拉尼

克拉尼位于斯洛文尼亚西北部，坐落在萨瓦河与其支流克克拉河的交汇处，是戈雷尼斯卡地区的经济文化中心。

(5) 科佩尔

科佩尔位于斯洛文尼亚西南部的亚得里亚海岸，是斯洛文尼亚的重要港口和沿海地区的中心，也是最重要的亚得里亚海港之一。工业也获得了迅速发展，主要有金属加工、汽车制造、化学工业等。

第六节　交通物流

斯洛文尼亚地理位置优越，许多国际铁路、公路和航空线穿越斯境，电气化铁路和现代化公路占相当大比重。物流行业约有 2 500 家公司，营业额为 36 亿欧元，出口销售额为 16 亿欧元。

具有很好的商业前景的行业：①货物运输；②船舶运输；③货物存储；④海运和内陆物流；⑤终端服务。

斯洛文尼亚政府和外商直接投资服务机构 SPIRIT 于 2017 年开始推广"斯洛文尼亚，进入欧洲市场的物流枢纽"项目。斯洛文尼亚在亚得里亚海有自己的港口和现代物流设备。遍布全国的商业开发区为外国商业合作提供公私合营的各种机会。斯洛文尼亚国家发展计划包括兴建和改善欧洲走廊计划，兴建从科佩尔到迪瓦查的铁路。目前的交通物流能力：

1. 铁路

铁路总长 1 209 千米，其中干线 576 千米，支线 633 千米，电气化铁路 500 千米，复线铁路 330 千米。客运量 1 455.8 万人次，货运量 1 783.2 万吨。

2. 公路

公路总长 38 906 千米，其中高速公路 746 千米。2015 年公路客运量 4 632.1 万人次，货运量 7 051.3 万吨。

3. 海运

斯洛文尼亚有 3 个港口，分别是科佩尔港、伊佐拉港和皮兰港。其中，科佩尔港为斯洛文尼亚第一大港。该港建成于 1958 年，港区面积为450公顷，有2 000米的海岸可供装卸货物，有25万平方米的仓储面积。2015年海运货运量1 993.1万吨。

4. 空运

2015年，航空载客145.9万人次，卢布尔雅那约热·普奇尼克机场为唯一的国际机场。国家航空公司为亚得里亚航空公司。

第七节　商业与服务业

1. 商业

斯洛文尼亚国内有较发达的商业网点。

斯洛文尼亚全国零售商店众多，为国民提供了大量的就业岗位。除在国内销售商品外，许多商业公司还在国外直接销售商品，主要有批发商店、零售商店、汽车销售和维修店、生产企业货栈。在国外的零售商店以销售水果、蔬菜、肉类、糖果等食品为主，批发商店主要销售纺织、化工、汽车、家用电器（包括维修、零备件供应）等工业加工品。近年来，一些外国商业公司开始进入斯洛文尼亚市场，数量正在增加。

（1）商业环境

斯洛文尼亚有着良好的商务投资环境，从公民的受教育情况看，政府很重视对国民的教育，地方政府一般提供免费的教育直到高中阶段。少数民族地区施行双语教育，第一门外语是必修的。国际学校很普及，教学语言多是英语和法语。斯洛文尼亚的教育非常普及，识字率达到99.7%。25岁到64岁的人口中受过高等教育的比例很高。很多商业管理者受过本科和研究生教育。现在的经理人能够去欧洲和北美进行研究生学习或者进行职业训练。年轻人计算机的使用频率很高，工作中计算机使用普及。

除了劳动力的受教育程度高以外，该国国内劳动力供应充足，主要是农村在城市打工的人。

斯洛文尼亚网络设备很普及，网民包括10岁到74岁的人。网络主要用来通信，查找关于商品和服务的信息。30%的网民下载游戏、音乐、电影，或者查阅旅行信息。网上购物覆盖很多商品和服务，主要

第八章 经济

包括服装、图书、运动设备、电子设备和电子购票。公共服务如信息查找、下载表格、向商家投诉等也通过网络完成。社交媒体主要针对16到24岁的人群，他们使用即时通信、聊天、论坛等服务。智能手机和移动网络使用也很广泛。97%的公司使用网络提供服务，公司官网用来展示产品，介绍服务。越来越多的公司使用电子信息系统建立客户管理，提供发票。

2007年之前官方货币是拉托尔，2007年1月1日以后使用欧元。银行执行欧洲标准，支付工具完全。城市交通有公共汽车、轻轨等。城市之间有火车和汽车连接，公路网络畅通。

（2）商业道德状况

从80年代转型前的三千家企业，发展到1996年的三万家企业，企业家精神在斯洛文尼亚建立中起着非常重要的作用。促成私有企业成长的主要原因是国有企业的解体和相对自由宽松的法律和政治制度。新增加的企业主要包括原有的手工业主自己建立的小型公司、国有企业改造后的私营企业和非政府服务组织。这些服务组织为新企业的出现提供了各种基础设备和管理咨询。

在转型时期，商业道德逐渐成为一个重要的命题，由于旧的价值体系的崩溃，新的法律制度尚不完善，私有化过程中出现过对公有财产的侵吞现象。这种状况也随着市场经济的建立而逐步消失。

一份国家之间的商业道德调查研究显示，在美国、俄罗斯、土耳其和斯洛文尼亚四个国家中超过一半的商人表示：为了做生意，他们不得不降低自己的道德标准。其中同意这个说法的斯洛文尼亚商人占51%；而这个比例在美国和俄罗斯分别为60%和67%；在土耳其这个比例只有16%。四个国家中美国人认为可以在上班的时间做自己的事情，而其他国家的人都认为不可以。美国人认为生病请病假是很正常的事情（俄罗斯人接近此看法），但斯洛文尼亚人则认为这样不道德。斯洛文尼亚人认为工作岗位上效率低下是道德上可以接受的事情（俄罗斯人接近此看法），但其他两个国家的人不这样认为。从以上看，斯洛文尼亚人的个人主义文化不像美国一样强烈，在工作环境的人性化程度上介于美国和俄罗斯之间，在工作的紧张程度上比其他国家都要小。

这个调查中涉及一个有趣的问题，问商人和企业家如何看待如下的情景：一位公司总裁被发现伪造公司报表以骗取商业贷款，然后该总裁销毁了所有证据，从而在法庭上被判无罪。请问这样的行为是否是不道德行为？在这四个国家中俄罗斯人对该行为接受程度最高，其次是斯洛文尼亚人。这两个国家的人对此事件能够接受的程度要远远大于美国人和土耳其人。这个调查表明，在斯洛文尼亚，尤其在转型时期，人们不得不采取一些实用主义做法来为自己的公司服务。

（3）价值观和商业行为模式

价值观和商业行为模式受政治、经济、社会关系、习惯、传统等影响，呈现出统一的文化特征。从一些大型的国家之间对比性调查研究中可以看出国家之间商业行为模式的差异。1999/2000年欧洲价值观调查显示，斯洛文尼亚所在的中欧和东欧转型国家中对国家参与企业的控制和管理的认可程度要高于西欧的其他国家，尤其是瑞典、冰岛和奥地利等北欧国家。在这些国家，企业家的经营自由受到更多的尊重。在中东欧，人们认为国家应该拥有资产的所有权，而在西欧和北欧国家，人们对资产的私有化支持的程度更高。同时在斯洛文尼亚等前社会主义国家，政府负责的范围更广，对社会承担的责任更多，而普通个人则缺乏责任意识。

转型时期的斯洛文尼亚商业环境并不理想。转型中的中东欧国家，包括斯洛文尼亚在内，在企业的团队合作能力、时间管理能力、决策能力等相对于其他成熟的市场经济国家要低。中东欧国家商务环境中官僚体制严重，影响经济的发展，但随着国家转型的完成，形势逐渐变好。20世纪90年代，斯洛文尼亚政治经济体系崩溃，新的社会经济体系建立了起来。经济领域的转变被称为渐进主义：私有化速度缓慢，限制外资的竞争。政府管理者广泛参与经济活动，政治和经济界的精英合作成为普遍现象。转型时期的斯洛文尼亚私有化速度缓慢，程序不透明，国有资产流失严重。除此之外国家还受到政治精英人物垄断市场的影响，无法实现有效市场资源配置。斯洛文尼亚的公司承受着几乎是世界上最重的税赋，最多的政治干预和经济保护政策。有些学者认为在世界上所有的资本主义国家中，斯洛文尼亚是特征最不明显的资本主义国家。

斯洛文尼亚人同其他欧洲国家的人相比，表现出一些差异，主要表现在个人主义和集体主义维度、雇主和雇员的关系距离（正式和非

第八章 经济

正式)、工作和生活的关系、工作关系中的信任度等几个方面。

在斯洛文尼亚存在所谓的"消极个人主义":在关系个人福利的事件上斯洛文尼亚人表现出非常的个人主义,但是在公司商业决策中他们往往要求集体主义,实质上是逃避个人承担风险责任,也就是说公司的决策失误不会带来个人风险。其次,和西方社会不同的是,在斯洛文尼亚雇员和雇主之间、部门经理之间的关系非常正式。同样在该国同事之间的信任度不高,商业生活和私生活之间截然分开,私生活领域家人和朋友之间关系紧密,但商业活动之间很难达到这样的亲密程度。

但是以上的研究结论只是一般的商业文化状态描述,并不是对所有公司的统一性评价。总体上看,和斯洛文尼亚人合作比较容易,他们的文化和全球商业文化并无大的差异,尤其和北部的奥地利和西部的意大利接近。

(4) 商业管理方式

公司中领导偏爱的管理方式和文化之间的关系也很密切。研究人员发现一共有六种常用的管理模式,分别为:魅力型领导;团队合作型领导;参与型领导;人性化领导;独裁型领导;自我保护型领导。对商业领导模式的研究表明,斯洛文尼亚人喜欢做事果断的领导和上下级之间高权力距离的管理方式,这一点和欧洲很多国家都不同。

行为果断和自作主张往往是男性领导的管理方式。在世界上,男性在社会生活中起主导作用的现象,最严重的国家是阿尔巴尼亚,得分最低的是瑞典。而这两个国家中不同性别在社会中的地位有天壤之别:前者是典型的男权社会,而在瑞典女性广泛参与社会生产和管理,男女平等观念很普遍。

除了果断决策之外,斯洛文尼亚人认为领导人应该具有智慧并善于交流。他们不喜欢自我保护型的领导(以自我为中心,社会地位意识强,程序化,易引发冲突),而参与型领导也不受该国人欢迎。做事亲力亲为是社会主义时期人们对官方领导的品质宣传,这一点在新生代中已经变得不受欢迎,他们更喜欢具有远见、能够激发员工的动力、统一目标共同行动的领导方式。

斯洛文尼亚文化中另外一个特征是对不确定性规避很高。他们喜欢秩序井然的运作模式,行为具有一致性,喜欢正式的程序,并用法律调节日常生活。也就是说，倘若在管理中出现雇主和员工的交流障碍，不能达成一致意见，他们会用很正式的手段继续沟通。在斯洛文尼亚，商务和私生活高度区分，商务交际正式，不涉及私人话题、非正式话题和宗教话题。这种偏爱同德国人和奥地利人的历史传统相关联。

商务决策方式在这个国家也不同于其他欧洲国家。在斯洛文尼亚，组织结构在商务决策中起重大作用。决定往往是最高层领导做出的，自上而下层层执行。大型的公司往往是政府直接控制的，或者政府对商业活动有一票否决权。这种方式有效减少了谈判协商的时间成本。

这种商务交际文化同巴尔干半岛的东南部国家就存在差异。在波斯尼亚和黑塞哥维那，商务决策经常是在基层部门就能够做出，商业伙伴关系如同家人，彼此之间信任度要高于斯洛文尼亚人，雇主和雇员之间的关系不像斯洛文尼亚一样的正式，但是员工表达意见直截了当，乐于交往，愿意提供帮助，商业信件之间的答复率很高，公司运转的程序不重要，各种规定被执行的弹性余地很大。

2. 服务业

服务业是斯洛文尼亚的重要经济部分，在斯洛文尼亚内生产总值中所占比重较大。

2015年服务业总值约216.37亿欧元。服务业包括：批发零售、修理、旅馆饭店、运输、通信、仓储、金融中介机构、房地产、租赁、企业服务、公共管理、社会服务、其他社区或个人服务。服务业的出口所赚取的外汇余额，对弥补商品进出口逆差发挥着重要作用。

第八节　信息技术产业

斯洛文尼亚的信息和通信技术部门目前有大约3 000家公司，行业人数有20 000多。国家拥有一系列发达的IT公司和完善的研究项目。该领域也是一个充满活力的初创市场，由很多年轻的公司组成，具有很大的潜力。这些公司是很好的国外投资和合作的目标，大都集中在卢布尔雅那–布尔多的科创园区。

第八章 经济

2016年斯洛文尼亚IT公司（至少有一个斯洛文尼亚创始成员）筹集了3亿多欧元。大部分资金来自风险投资（2亿6 000万欧元），其次是斯洛文尼亚国家资金、众筹和天使基金。据斯洛文尼亚统计局统计，2016年有四分之一的企业对员工进行电子技能的培训。20%的企业里面，至少有10人从事信息和通信技术。6%的企业招聘或试图招聘通信技术专家；46%的企业有信息和通信技术专家的空缺岗位难以填补。信息系统外包已发展成为斯洛文尼亚最大的市场，其次是系统集成和硬件服务市场。2016的IT服务需求在金融、保险业和政府部门最为强劲。

网络安全市场继续扩大，主要是为了应对企业和政府的威胁和脆弱性迅速变化的性质。行业代表预计，对安全服务的需求仍然持续，特别是在中小企业中。安全软件市场在2016增长了9%，并在2017年底实现增长。

云计算行业是IT行业增长最快的行业，目前每年增长40%。云计算服务的需求还在增加。在2015年，10人以上的企业中，有17%都购买了云计算服务，如电子邮件、计算机软件、文件存储空间等。

信息技术部门潜在增长的领域包括通信网络的规划与实施、宽带基础设施、安全系统、电子银行、CMS软件、备份文件的软件系统、物流。

第九章 对外经济关系

第一节 对外经济目标与政策

1. 对外经济发展目标

斯洛文尼亚加入世界经合组织和世界贸易组织后,在对外经济方面重点加强与中欧国家、阿尔卑斯山、亚得里亚海和多瑙河地区的经济关系;加强在欧盟国家内部市场以及第三方市场中斯洛文尼亚的贸易地位,增加对外直接投资,促进本国公司的国际化,并促进新兴企业的发展;促进知识的流动;促进本国在欧洲能源和交通网络的重要性;促进科佩尔港口成为连接亚得里亚海和中欧的重要港口。

2. 对外经济的政策

(1) 引进国外资金政策

斯洛文尼亚政府鼓励外商直接投资。在该国投资的外商享有同本国企业同样的权利、义务和责任。一般性企业的注册资本为7 500欧元(约合8 550美元),证券公司的注册资本为25 000欧元(约合28 500美元)。公司需要有商业场所。国家的商业法和涉外交易法保障这些公司的利益。比如:对能增加10个以上就业岗位的企业或者研发单位给予资金和服务上的帮助。

斯洛文尼亚尤其欢迎高技术企业创造就业岗位,政府通过税收支持高技术企业发展。在东北部靠近匈牙利的欠发达地区,政府提供更多的便利措施服务外商直接投资者。政府对外商投资给予税收上的优惠。比如,2009年政府免掉外资企业的所得税。2013年外资企业的公司税降到17%。所有在斯洛文尼亚注册的公司都可以参与国家财政支持的研发项目。

自由贸易区：科佩尔港是斯洛文尼亚唯一的自由贸易区。在科佩尔的企业，在商品进入流通环节之前，不需要交纳关税，也不受政府其他税收政策的影响。自贸区的企业享有的权利和义务有：进行单独登记注册；在登记的企业生产范围内从事生产活动；自由进口商品到自贸区；除农产品外，其他进入自贸区的产品原则上可以无限期停放；商品进出自贸区时要受控制；自贸区的管理和监督更加弹性化。在同自贸区签订合同后，企业可以从事生产和服务活动，包括金融银行、房地产和保险等业务，从事批发业务，以及面向本自贸区的零售业务。

2017年斯洛文尼亚划定有机农业发展区域，加快绿色田野投资。大部分新发展的工业园区可以直接使用最新的配套基础设施，包括高速公路和铁路。土地价格方面给予很多优惠。对那里落户的企业，政府给予各种的优惠和鼓励。比如在国家东部的小镇，每平方米的土地价格为5欧元，而在卢布尔雅那，每平方米的土地价格为50欧元。政府还提供公司登记入驻各方面的配套服务。对外资人员的登记备案手续也相应精简了很多。政府不强制外资企业在生产中使用本国的原材料，或者对本国的知识数据等进行限制。

该国存在很多隐性障碍，包括高关税、高人力成本、司法效率低下、缺乏工资发放原则、裁员困难和官僚体制等，妨碍外商直接投资。

（2）斯洛文尼亚对外投资政策

斯洛文尼亚不限制国内投资者对外投资，但是也不鼓励对外投资。主要的对外投资项目位于巴尔干半岛的西部，克罗地亚是最主要的对外投资目的国，占全部对外投资的28%；其次是塞尔维亚（22%）；波黑（9%）；马其顿（8%）。

（3）双边投资和税收协定

和斯洛文尼亚签署了双边投资协定的国家和地区有：阿尔巴尼亚，奥地利，比利时-卢森堡经济联盟，波斯尼亚和黑塞哥维那，黑山，保加利亚，中国，克罗地亚，丹麦，埃及，芬兰，法国，德国，希腊，匈牙利，以色列，科威特，立陶宛，马其顿，马耳他，摩尔多瓦，黑山，荷兰，波兰，葡萄牙，罗马尼亚，新加坡，斯洛伐克，西班牙，瑞典，瑞士，泰国，土耳其，乌克兰，英国，乌兹别克斯坦，塞尔维亚等。

与斯洛文尼亚签署了双边税收协定的国家和地区有：阿尔巴尼亚，亚美尼亚，奥地利，阿塞拜疆，白俄罗斯，比利时，波斯尼亚和黑塞哥维那，黑山，保加利亚，加拿大，中国，克罗地亚，塞浦路斯，捷克，丹麦，爱沙尼亚，芬兰，法国，格鲁吉亚，德国，希腊，匈牙利，冰岛，印度，伊朗，爱尔兰，英属马恩岛，以色列，意大利，哈萨克斯坦，科威特，拉脱维亚，立陶宛，卢森堡，马其顿，马耳他，摩尔多瓦，荷兰，挪威，波兰，葡萄牙，卡塔尔，韩国，罗马尼亚，俄罗斯，塞尔维亚，新加坡，斯洛伐克，西班牙，瑞典，瑞士，泰国，土耳其，乌克兰，阿拉伯联合酋长国，英国，美国，乌兹别克斯坦等。

（4）外币兑换政策

斯洛文尼亚遵守国际货币基金组织的《协定》第八条，致力于充分自由货币兑换。2007年1月斯洛文尼亚加入欧元区。

（5）重要的经济法律法规

斯洛文尼亚会计、法律和监管程序透明，符合国际准则。财务报表要符合斯洛文尼亚会计和审计准则，按照国际财务报告准则制定。斯洛文尼亚政府通过若干法律和政策文件，促使利益相关者参与公司的商务决定，对公司进行监管。

斯洛文尼亚是世界贸易组织的签约国。从法律上讲，所有的投资者，无论是国内投资者还是外国投资者，都受到同等对待。政府不会对建立、维持或扩大投资施加任何要求或任何条件。作为世贸组织成员国，根据《技术性贸易壁垒协定》（TBT协定），斯洛文尼亚必须向世贸组织报告所有可能影响其他成员国贸易的技术法规。

斯洛文尼亚是欧盟成员国。斯洛文尼亚和欧盟监管系统之间的关系：欧盟责任区内的欧盟法律凌驾于成员国的任何相互抵触的法律之上。人们可以在国家法院使用欧盟法律反对政府或当事人的不当行为。

①保护外商投资的法案

斯洛文尼亚促进外商直接投资的两个法律文件分别为：《促进外商投资法》以及《企业国际化法案》。上述法案中规定了促进外国直接投资的措施，具体包括：免费为外国投资者提供咨询服务、促进斯洛文尼亚作为投资目的地、提高斯洛文尼亚的竞争力和财政奖励措施。

②保护市场竞争

斯洛文尼亚竞争保护局监督《避免限制竞争法》（简称《竞争法》）的实施，监测和分析市场动态，对公司的垄断行为进行监管。在斯洛文尼亚，高度集中的市场结构是不违法的，但是，滥用市场力量是被禁止的。《竞争法》禁止限制市场竞争的行为，禁止投机行为。该法适用于从事经济活动的法人团体和自然人，不论其法律形式、组织或所有权如何。这项法律也适用于上市公司的行为。该法符合欧盟立法。该法禁止通过协议进行不正当竞争（即虚假广告、承诺换取商业秘密等），在不正常市场情况下进行非法投机，以及倾销和补贴进口。然而，在以下情况下，政府可以限制市场行为：在自然灾害、流行病爆发时；或在国家货物短缺，进行急救的情况下；或在关系国家国防安全的原材料、成品、半成品需求上可以进行干预。法院可对从事卡特尔协议、滥用市场支配地位、犯有不正当竞争行为或从事非法投机行为的公司发出125 000欧元（约合132 909美元）到1 000 000欧元（约合1 063 292美元）的罚款。受制裁公司的经理和董事可能承担至少4 000欧元（约合4 251美元）的最低罚款。

③土地征收与补偿法

根据《斯洛文尼亚宪法》第69条，在公共利益的基础上，根据法律规定的条件，国家可以在实物补偿或经济补偿的基础上对公民拥有的土地进行征收。

④国际争端解决

斯洛文尼亚是国际争端解决公约的缔约国，意味着如果同其他国家的公民发生投资方面的争端，当地法院必须强制执行国际仲裁裁决。卢布尔雅那仲裁中心是一个独立的机构，专门解决公司之间的商业交易引起的国内和国际纠纷。仲裁裁决具有最终约束力。

⑤进口关税

2004年斯洛文尼亚加入欧盟，接受欧盟的关税体系，但也进行了部分税收内容的修改。主要的关税由1999年通过的《关税法》、《关税服务法》和《关税税收法》构成。进口的大部分农产品是要征税的。

第二节 对外贸易发展

斯洛文尼亚2004年加入欧盟以来，对外贸易逐步增长，对外货物贸易总额从2005年的375亿美元增长到2016年的634亿美元，年均增长速度达到5%。但受欧盟经济的拖累，对外贸易增长在2008年后放缓了不少，不过其贸易逆差在此期间得到了缓解。目前，斯洛文尼亚的主要出口贸易国有德国、意大利、奥地利、克罗地亚、法国、波兰、俄罗斯、匈牙利和波黑等国家，主要出口商品有机械设备、光学仪器、化学制品、医药、人造纤维、汽车和运输设备等；主要进口贸易国有意大利、奥地利、中国、克罗地亚、法国、匈牙利、捷克、波兰和美国等国家，主要进口商品有汽车和运输设备、金属制品、化学制品、医药、人造纤维等。

总体上，斯洛文尼亚对外贸易呈现出以德国和意大利为中心的欧盟区域内贸易特征明显，市场高度集中，但逐年呈现出分散趋势。资源密集型产品的进、出口比重均有明显先上升后略有下降的趋势，且进口比重远大于出口比重，增长速度也快于出口比重；劳动密集型产品的进出口比重均呈现出下降趋势，其中，出口比重始终远高于其进口比重，下降幅度也快于进口比重的下降；资本与技术密集型产品的出口额占总出口额的比重始终高于进口比重，对斯洛文尼亚的贸易顺差贡献也越来越大；在按经济大类的结构中斯洛文尼亚的进出口商品主要均为工业用品和资本货物。此外，斯洛文尼亚在2005—2016年期间产业内贸易水平得到了显著的提高，其参与国际分工的程度得到进一步提高。

1. 斯洛文尼亚对外货物贸易概况

从贸易规模上看，2005—2016年间，受到欧洲整体经济不景气的影响，斯洛文尼亚的对外货物贸易总体增长缓慢，货物贸易总额平均每年增长近5个百分点，其中出口平均每年增长约5.7个百分点，进口平均每年增长约4.1个百分点。从贸易平衡的角度看，2005—2016年，斯洛文尼亚贸易逆差不断收窄，到2014、2015年还开始呈现出小幅贸易顺差，2016年则实现了大幅的贸易顺差。

从各年的贸易情况来看，可以发现有两个年份的贸易增长出现了异常。第一个是2007年，当年的出口增速高达26.5%，进口增速高达28.1%，进出口增速均是11年最高，总贸易额在全球中的比重也是11年最高，这可能是受到了欧盟进一步东扩的影响——2007年保加利亚和罗马尼亚正式成为欧盟成员国，这一年保加利亚和罗马尼亚的对外贸易增长速度都有显著的提高，而这两个国家和斯洛文尼亚的贸易关系都很密切。第二个是2009年，受困于2008年的全球金融危机，2009年的进出口增速分别为–29.7%和–23.4%，总贸易额的增速为–26.8%，低于全球贸易–22.71%的增长速度，说明2008年的全球金融危机对斯洛文尼亚的国际贸易负面影响程度较大。斯洛文尼亚对外货物贸易更详细的发展与变化趋势情况参见表9-1。

表9-1 斯洛文尼亚货物贸易发展趋势（2005—2016）

年份	出口 金额（亿美元）	出口 增速	进口 金额（亿美元）	进口 增速	贸易差额（出口—进口）（亿美元）
2005	179.0	12.7%	196.3	11.7%	–17.3
2006	209.8	17.3%	230.1	17.3%	–20.3
2007	265.5	26.5%	294.8	28.1%	–29.3
2008	292.5	10.2%	339.9	15.3%	–47.3
2009	224.1	–23.4%	239.0	–29.7%	–15.0
2010	244.3	9.1%	265.9	11.3%	–21.6
2011	289.8	18.6%	312.4	17.5%	–22.5
2012	270.8	–6.6%	283.8	–9.1%	–13.0
2013	286.3	5.7%	293.8	3.5%	–7.5
2014	305.2	6.6%	300.5	2.3%	4.7
2015	265.9	–12.9%	258.7	–13.9%	7.2
2016	329	23.7%	305	17.8%	24.0

2005—2016斯洛文尼亚年均增速：总贸易额4.9%；出口额5.7%；进口额4.1%

资料来源：根据联合国商品贸易统计数据库中相应数据计算得出。

随着对外贸易的快速增长,其对斯洛文尼亚宏观经济的影响和贡献也越来越大。从斯洛文尼亚的对外贸易依存度这一指标来看,从2005年的127.89%上升到2016年的170.90%,其中,服务贸易从2005年的18.99%增长到2016年的27.0%,12年间平稳增长。斯洛文尼亚极高的对外贸易依存度主要源于其极高的对外货物贸易依存度,对外贸易依存度的增长同样主要源于对外货物贸易的增长。详细的情况参见图9-1。

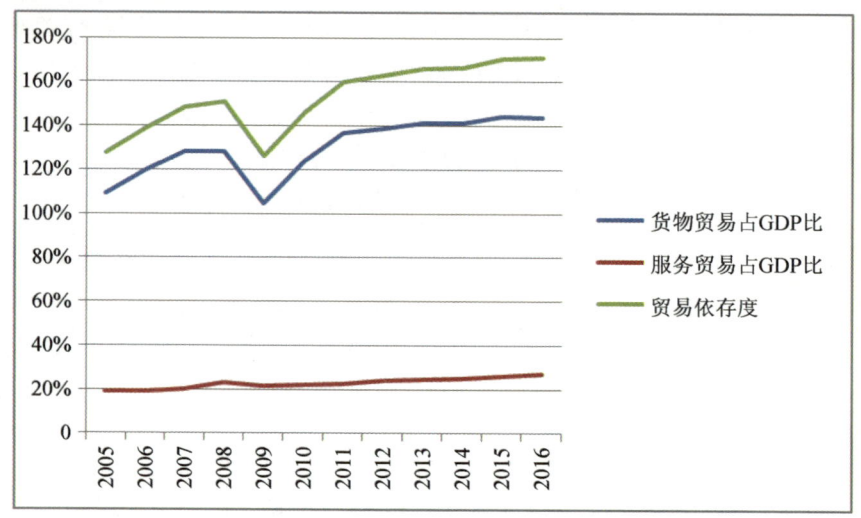

图9-1 斯洛文尼亚对外贸易依存度及变化趋势

资料来源:根据世界银行数据库(http://data.worldbank.org.cn)及联合国商品贸易统计数据库中相应数据计算得出。

图9-1表明:(1)斯洛文尼亚对外贸易依存度极高(平均超过了140%),这说明其宏观经济的外向型特征非常明显,经济发展严重依赖于对外贸易尤其是对外货物贸易的发展;(2)斯洛文尼亚对外贸易依存度在逐年提高,2009年的突然下降表明全球金融危机对其贸易的负面影响远远超出了对其宏观经济的影响。对外贸易依存度的提高说明斯洛文尼亚对外开放和参与国际分工的程度不断提高,对全球市场的依赖程度增大,也说明外国经济,尤其是欧盟的经济情况对其宏观经济的影响在不断地加强。

2.对外贸易市场结构

为简化说明,这里只列举了斯洛文尼亚2005年、2010年及2016年

第九章 对外经济关系

的总贸易、进口及出口前十大贸易伙伴国的市场份额构成情况（详见表9-2），对其2005—2016年的对外货物贸易市场结构特征予以说明。

表9-2 斯洛文尼亚前十大贸易伙伴国及其市场份额

2005			2010			2016		
总贸易	出口	进口	总贸易	出口	进口	总贸易	出口	进口
德国 18.51%	德国 19.91%	意大利 17.39%	德国 17.77%	德国 19.63%	德国 16.07%	德国 18.12%	德国 19.32%	德国 16.83%
意大利 15.14%	意大利 12.66%	德国 17.24%	意大利 13.94%	意大利 12.11%	意大利 15.63%	意大利 11.86%	意大利 10.38%	意大利 13.45%
奥地利 7.98%	克罗地亚 9.05%	奥地利 7.91%	奥地利 7.97%	奥地利 8.08%	奥地利 7.86%	奥地利 8.60%	奥地利 7.40%	奥地利 9.90%
法国 7.77%	法国 8.26%	法国 7.32%	法国 6.66%	法国 8.05%	中国 5.55%	克罗地亚 6.44%	克罗地亚 7.33%	克罗地亚 5.48%
克罗地亚 6.37%	奥地利 8.06%	克罗地亚 3.92%	克罗地亚 5.2%	克罗地亚 6.71%	法国 5.38%	匈牙利 4.05%	匈牙利 4.41%	中国 4.79%
俄罗斯 2.71%	塞尔维亚 3.61%	西班牙 3.36%	中国 3.13%	塞尔维亚 3.69%	克罗地亚 3.94%	法国 3.75%	法国 4.07%	土耳其 4.36%
西班牙 2.61%	波黑 3.56%	中国 3.00%	匈牙利 2.89%	波兰 3.42%	匈牙利 2.85%	塞尔维亚 3.33%	塞尔维亚 4.07%	匈牙利 3.67%
匈牙利 2.51%	俄罗斯 3.24%	匈牙利 2.99%	波兰 2.76%	俄罗斯 3.2%	西班牙 2.65%	波兰 3.16%	波兰 3.77%	法国 3.4%
捷克 2.20%	波兰 2.53%	俄罗斯 2.23%	捷克 2.37%	匈牙利 2.94%	美国 2.44%	中国 3.11%	斯洛伐克 3.43%	荷兰 3.35%
英国 2.10%	英国 2.48%	捷克 2.18%	美国 2.02%	波黑 2.90%	捷克 2.38%	波黑 2.94%	波黑 3.05%	韩国 3.18%
67.89%	73.37%	67.54%	64.78%	70.73%	64.75%	65.36%	67.23%	68.41%

资料来源：同表9-1。

注：每个国家下面的数字为这一市场占斯洛文尼亚对外贸易额的份额，最后一行为合计。

总的来讲，在这三年中，不管是总贸易额，还是进口或出口额，斯洛文尼亚的对外贸易市场都非常集中，排名前十的国家除中国和美国外全部集中于欧洲，且欧盟国家占了绝对多数。其中，德国和意大利维持在第一和第二的位置，斯洛文尼亚同这两个国家的贸易额占到了其贸易总额的三分之一，与前十大贸易伙伴国间的贸易额则平均占到了其贸易总额的三分之二。由此，可以认为2005—2016年斯洛文尼亚对外货物贸易的市场结构主要特征表现为：以德国和意大利为贸易中心的欧盟区域内贸易。

从贸易总额来看，德国、意大利、奥地利、法国、克罗地亚5个国家始终位于斯洛文尼亚前五大贸易伙伴国之列，均为欧盟成员国。其他重要的贸易伙伴中同属欧洲的还有英国、波黑、西班牙、塞尔维亚和波兰；欧洲之外的只有中国和美国。从贸易集中程度的变化趋势来看，斯洛文尼亚的贸易集中度有明显的下降趋势：前十大贸易伙伴国的市场份额在2005年占到了67.89%，到2016年就下降到了65.36%。贸易集中度的下降表明斯洛文尼亚的贸易市场出现了多元化趋势，有利于其对外贸易的健康发展。

从出口目的地来看，在这3个被研究的年份中，排名前十的国家大体上变化不大，基本上都是欧洲大国及地理位置同其非常接近的国家。出口目的地的前五大国家没有变化，依次为：德国、意大利、克罗地亚、奥地利和法国。塞尔维亚和波兰在这3年中也始终位于斯洛文尼亚前十大出口目的地之列。其他重要的出口目的地包括英国、波黑和匈牙利。出口市场的集中度也表现为明显的下降趋势：前十大出口目的地市场份额从2005年的73.37%，减少到2016年的67.23%，下降了近6个百分点，出口贸易伙伴国也从2005年的173个国家（地区）增加到了2016年的202个国家（地区），这种变化有利于化解出口市场波动的不确定性风险。

从进口来源地来看，在所研究的三个年份中，德国、意大利、奥地利、法国、克罗地亚、中国、匈牙利和捷克等八个国家均在斯洛文尼亚的前十大进口来源地之列，其他主要进口来源地包括：西班牙、美国、俄罗斯。进口市场的集中度也有略下降趋势。

3. 商品结构

商品结构是一国在进出口贸易中，各类商品在贸易中的地位、性质以及相互间的比例关系，主要由一国的产业结构决定。商品结构分析是以商品分类为基础的。目前，在国际贸易统计中，最常用的商品分类标准是世界海关组织的《商品名称及编码协调制度》（简称HS）和联合国的《国际贸易标准分类》（简称SITC）两大分类编码体系，这里采用的数据均为联合国公布的国际贸易标准代码的第三次修订版。第三次修订版的第一级指标将国际贸易中的商品分为10类。[①]其中第0~4部门属于初级产品，可视为资源密集型产品；第5~9部门属于工业制成品，其中第6、8部门大多为劳动密集型产品，第5、7、9部门大多为资本与技术密集型产品。

（1）出口商品结构

总体上来看，2005—2016年期间，斯洛文尼亚的出口商品中，资源密集型产品、劳动密集型产品和资本与技术密集型产品的出口额比例平均约为11∶34∶54。具体的出口商品结构及其变化如表9-3所示。

表9-3 斯洛文尼亚出口商品结构（2005—2016）

年份	资源密集型产品	劳动密集型产品			资本与技术密集型产品		
	SITC0-4	SITC6+8	SITC6	SITC8	SITC5+7+9	SITC5	SITC7
2005	7.13%	40.54%	25.16%	15.38%	52.34%	12.93%	39.25%
2006	8.38%	39.69%	25.75%	13.93%	51.93%	13.58%	38.18%
2007	8.21%	37.45%	24.99%	12.46%	54.34%	13.66%	40.51%
2008	9.67%	35.92%	23.79%	12.13%	54.41%	14.31%	39.87%
2009	10.53%	32.59%	20.72%	11.87%	56.88%	16.45%	40.21%
2010	11.89%	32.77%	22.02%	10.75%	55.34%	16.42%	38.72%
2011	13.29%	33.38%	23.03%	10.35%	53.33%	16.49%	36.60%
2012	13.96%	32.03%	21.91%	10.12%	54.01%	17.74%	35.96%
2013	14.44%	31.06%	21.00%	10.06%	54.50%	18.47%	35.57%
2014	14.08%	31.21%	20.92%	10.29%	54.71%	18.05%	36.28%

① 第0部门食品和活动物，第1部门饮料及烟草，第2部门非食用原料（不包括燃料），第3部门矿物燃料、润滑油及有关原料，第4部门动植物油、脂和蜡，第5部门未另列明的化学品和有关产品，第6部门主要按原料分类的制成品，第7部门机械及运输设备，第8部门杂项制品，第9部门SITC未另分类的其他商品和交易。

(续表)

年份	资源密集型产品	劳动密集型产品			资本与技术密集型产品		
	SITC0-4	SITC6+8	SITC6	SITC8	SITC5+7+9	SITC5	SITC7
2015	13.29%	31.53%	21.00%	10.53%	55.18%	17.33%	37.45%
2016	13.79%	31.59%	20.20%	11.40%	54.61%	15.44%	38.91%

数据来源：同表9-1。

从表9-3中可以看出：（1）资源密集型产品占总出口的比重在逐年稳步地提高，从2005年的7.13%提高到了2016年的13.79%，提高了6.66个百分点，增加了接近一倍。其中，矿物燃料、润滑油及有关原料（SITC3）的出口比重增长最快，其次是非食用原料（SITC2）。（2）劳动密集型产品的出口比重在逐年下降，从2005年的40.54%下降到2016年的31.59%，下降了9个百分点，其中，按原料分类的制成品（SITC6）的出口比重下降了4个百分点，杂项制品（SITC8）的出口比重降幅约为5个百分点。这说明这一期间斯洛文尼亚劳动力成本的提高对其劳动密集型产品出口竞争力的负面影响较大。（3）资本与技术密集型产品的出口比重有所上升，从2005年的52.34%提高到了2016年的54.61%，提高了2.27个百分点，但其比重的提高基本全部来自化学品和有关产品（SITC5）出口比重的提高，该类产品的出口比重提高了2.51个百分点，而机械及运输设备（SITC7）的出口比重还略有下降，这表明2005—2016年斯洛文尼亚的化学工业得到了长足的发展，化学制品的出口竞争力得到了大幅提高。

（2）进口商品结构

2005—2016年斯洛文尼亚的进口商品结构及其变化可用表9-4表示：

表9-4 斯洛文尼亚进口商品结构（2005—2016）

年份	资源密集型产品	劳动密集型产品			资本与技术密集型产品		
	SITC0-4	SITC6+8	SITC6	SITC8	SITC5+7+9	SITC5	SITC7
2005	21.97%	32.46%	22.62%	9.84%	45.57%	12.85%	32.62%
2006	22.81%	32.32%	22.98%	9.34%	44.87%	12.15%	32.51%

（续表）

年份	资源密集型产品	劳动密集型产品			资本与技术密集型产品		
	SITC0-4	SITC6+8	SITC6	SITC8	SITC5+7+9	SITC5	SITC7
2007	21.52%	31.80%	22.51%	9.29%	46.68%	12.02%	34.41%
2008	24.73%	29.66%	20.40%	9.26%	45.61%	11.79%	33.52%
2009	24.93%	29.25%	18.33%	10.92%	45.82%	13.50%	32.08%
2010	26.74%	29.03%	19.20%	9.82%	44.24%	13.67%	30.15%
2011	29.09%	28.66%	19.18%	9.49%	42.24%	13.47%	28.31%
2012	30.87%	27.19%	18.37%	8.82%	41.94%	14.34%	27.28%
2013	29.16%	26.81%	18.05%	8.76%	44.03%	14.45%	29.18%
2014	26.98%	27.74%	18.38%	9.36%	45.27%	14.82%	30.16%
2015	24.78%	28.50%	18.85%	9.65%	46.73%	15.01%	31.34%
2016	21.25%	29.29%	18.50%	10.79%	49.46%	14.03%	35.21%

数据来源：同表9-1。

总体上，斯洛文尼亚2005—2016年进口产品中的资源密集型产品、劳动密集型产品和资本与技术密集型产品的比例大致为：26∶29∶45。其中，资源密集型产品比重先上升后下降，劳动密集型产品的进口比重下降趋势明显，而资本技术密集型产品的进口比重基本保持不变。具体来讲，资源密集型产品的进口比重从2005年的21.97%下降到2016年的21.25%，几乎没有变化，其中，矿物燃料、润滑油及有关原料（SITC3）的进口额占总进口额的比重较高；劳动密集型产品的进口比重在此期间下降了约3个百分点，其中，按原料分类的制成品（SITC6）的进口比重下降了4.12%，杂项制品（SITC8）的进口比重几乎没有变化；资本与技术密集型产品在此期间增长了近4个百分点。

综合以上特点可以得出三个结论：

（1）资源密集型产品的进出口比重均有明显先上升后略有下降的趋势，且进口比重远大于出口比重，增长速度也快于出口比重，考虑到斯洛文尼亚2005—2016年多数年份存在的贸易逆差，其资源密集型产品的进出口表现为严重的贸易失衡，由此带来的贸易逆差构成了斯洛文尼亚这一期间贸易逆差的主要来源。这一结构是其矿产资源相对缺乏的资源禀赋特征所决定的。

(2) 劳动密集型产品的进出口比重均呈现出下降趋势，其中，出口比重始终远高于其进口比重，下降幅度也快于进口比重的下降，由此，该类产品这一期间带来都是贸易顺差，但处于不断下降的趋势。

(3) 资本与技术密集型产品的出口额占总出口额的比重在2005—2016年始终高于进口比重，且出口比重表现为平缓上升趋势，而进口比重则为先下降后上升的趋势，这一期间该类产品对斯洛文尼亚的贸易顺差贡献也越来越大。

4. 产业内贸易

产业内贸易研究是对商品结构更深层次的分析，反映的是一个国家的各类产业参与国际分工及其在国际产业链中的地位。简单地说，产业内贸易就是一国同一组的产品存在同时进出口的活动。伴随着贸易、投资的自由化和经济的全球化，全球范围内的产业内贸易发展迅猛，已成为国际贸易的重要组成部分，对每个经济开放国家的宏观经济增长都具有重要的作用。一国的产业内贸易本质上是该国参与国际分工的结果，反过来，产业内贸易也会影响其产业在国际分工中的地位，进而影响其产品与产业的国际竞争力。基于产业内贸易的重要性，学者们对其进行了广泛而又深入的研究，研究成果构成了新国际贸易理论的一个重要组成部分。

产业内贸易研究的基础是产业内贸易指数的度量，即把一国（产业）的贸易活动按性质划分为产业间贸易与产业内贸易两类，产业内贸易指数度量的是产业内贸易占总贸易的百分比。然而，在目前的国际贸易研究中，度量产业内贸易程度的指标有很多，这些指标各有优劣，并无公认的一致倾向。这里选择的方法是当前国内学者最常用的G-L产业内贸易指数（具体的计算公式略），采用该方法，利用UN-comtrade数据库中SITC三位数层次上的分类数据，可计算出斯洛文尼亚2005—2016年间的G-L产业内贸易指数，及SITC一级分类下的各类制成品产业内贸易指数结果，如表9-5所示。

表9-5　斯洛文尼亚2005—2016年间的G-L产业内贸易指数

年份	SITC0-9	SITC5	SITC6	SITC7	SITC8
2005	62.28%	60.29%	70.58%	64.67%	66.36%
2006	64.89%	60.75%	71.94%	68.62%	68.53%

(续表)

年份	SITC0-9	SITC5	SITC6	SITC7	SITC8
2007	66.32%	61.29%	71.35%	70.83%	71.6%
2008	65.93%	61.52%	72.64%	71.14%	72.88%
2009	65.43%	61.84%	72.33%	67.7%	74.61%
2010	64.98%	61.72%	72.29%	66.73%	74.82%
2011	65.42%	61.61%	70.68%	70.06%	74.58%
2012	65.80%	61.07%	71.76%	70.94%	72.86%
2013	68.43%	62.16%	73.18%	74.70%	72.36%
2014	69.16%	62.71%	72.40%	76.05%	72.99%
2015	70.09%	63.46%	72.26%	75.70%	73.63%
2016	76.52%	67.03%	75.84%	79.81%	76.17%

资料来源：同表9-1。

从表9-5中可以看出以下结论：

（1）整体上，斯洛文尼亚2005—2016年的对外贸易均表现为以产业内贸易为主的贸易模式。斯洛文尼亚总体产业内贸易指数平均达到了66%以上，产业内贸易水平在中东欧16国中位于前三，且有平缓的上升趋势：2005年斯洛文尼亚的总体G-L指数为62.28%，到2016年提升到了76.52%，增加了14.24个百分点。考虑到斯洛文尼亚在这一时期多数处于贸易逆差，以及贸易逆差对G-L指数的负面影响，表7中的数据可能低估了其真实的产业内贸易水平，据此可以认为其产业内贸易指数的提升主要得益于其工业化程度的不断提高和收入水平的提高，表明了在此期间其参与国际分工的程度在不断深化，产业的国际竞争力也在不断地提高。

（2）在制成品中，劳动密集型制成品的产业内贸易指数平均最高。其中，按原料分类的制成品（SITC6）2005—2016年的G-L指数平均高达约72%，是四类制成品中产业内贸易指数最高的一类，且略有上升趋势；同时，杂项制品（SITC8）2005—2016年的G-L产业内贸易指数平均高达约73%，且增长趋势明显，增长了近10个百分点。总的来讲，斯洛文尼亚的劳动密集型产业已较深地融入国际产业链中，在国际分工中的地位还在不断提高。

（3）技术与资本密集型产品中，化学及相关制品（SITC5）的产业内贸易指数增长缓慢，从2005年的60.29增长到2016年的67.03，增长了近7个百分点。但考虑到该类产品的贸易失衡度在不断加剧，对产业内贸易指数的负面影响也越来越大，其真实的产业内贸易水平的提升要比上述结果高得多，可以认为斯洛文尼亚加入欧盟对其化学工业国际竞争力的提高还是产生了积极的影响。机械及运输设备（SITC7）的产业内贸易指数从2005年的64.67，大幅提升到2016年的79.81，提高了15.14个百分点，但其变化趋势比较复杂，表现出较大的波动性。这可能与该类产业在国际产业链中的地位变化有关，但具体原因需进一步的研究，该类产品2005—2016年的多数表现为贸易失衡，因而真实的产业内贸易水平同样被低估了。

不难看出，不同的产业划分标准得出的产业内贸易指数也不同。一般来讲，一国的产业划分得越细，国家层面的产业内贸易指数就越小。目前，中国学者在利用国际贸易标准分类计算产业内贸易指数时，多采用的是SITC的三级分类作为划分产业的标准，本书沿用了这一方法。

第三节　中国-斯洛文尼亚双边贸易关系

自中国2001年加入WTO以来，和斯洛文尼亚的双边贸易关系发展迅速，双边贸易总额从2001年的0.9亿美元增长到2016年的27亿美元，增长了约30倍，年平均增长率高达25%，远远超出了双方对全球贸易的平均增长速度[①]。在双边贸易额快速增长的同时，双边贸易的商品种类也在不断增加，按商品名称及编码协调制度（HS1996）6位编码的分类标准计算，2001年中国出口斯洛文尼亚的商品数量仅有771类，到2016年达到了2 270类，同时，中国从斯洛文尼亚进口的商品种类也从2001年的176类增长到了1 060类。在中斯双边贸易中，中国对斯洛文尼亚呈现较大的顺差。

---

① 根据联合国贸易统计数据库中方报告的数据计算而得，本章数据没有特别声明的情况下均来自这一数据库经编者计算而得。

2016年，中国从斯洛文尼亚进口的产品主要包括：车辆及其零部件（27.7%），电机、电气设备及其零件；录音机及放声机、电视图像、声音的录制和重放设备及其零件、附件（27.3%），核反应堆、锅炉、机器、机械器具及其零件（9.5%），塑料及其制品（9.4%），光学、照相、电影、计量、检验、医疗或外科用仪器及设备、精密仪器及设备（4.4%），进口商品结构比较集中。2016年，中国出口斯洛文尼亚的主要产品包括：电机、电气设备及其零件；录音机及放声机、电视图像、声音的录制和重放设备及其零件、附件（19.1%），核反应堆、锅炉、机器、机械器具及其零件（13.3%），有机化学品（7.3%），家具类产品（6.4%），皮革制品（4.8%），出口商品结构相对分散。

中国和斯洛文尼亚双边贸易关系可以从其双边贸易结构和产业内贸易情况更详细地予以说明，以下双边结构分别选取2001年、2007年和2016年的情况，从要素结构、技术含量和经济用途三种分类视角来说明双边贸易结构的变化情况，产业内贸易则重点说明制成品的情况。

1. 按要素划分的双边贸易结构

根据双边贸易产品的主要生产要素含量构成，货物贸易品可划分为三类：资源密集型产品、劳动密集型产品和资本技术密集型产品[①]。中国和斯洛文尼亚2001、2007和2016年的双边以要素含量划分的货物贸易结构可用下表9-6表示。

表9-6 2001、2007、2016年中国-斯洛文尼亚双边货物贸易结构（按要素划法）

年份	中国出口斯洛文尼亚产品结构			中国进口斯洛文尼亚产品结构		
	资源密集型产品	劳动密集型产品	资本技术密集型产品	资源密集型产品	劳动密集型产品	资本技术密集型产品
2001年	8.7%	61.2%	21.3%	9.1%	15.9%	75.0%
2007年	2.6%	52.6%	44.8%	1.8%	18.3%	79.9%
2016年	1.9%	52.6%	45.5%	3.3%	19.8%	76.9%

资料来源：根据联合国贸易统计数据库计算而得。

① 资源密集型产品包括按国际贸易标准分类（SITC）中的0-4类产品，劳动密集型产品包括第6和8类产品，资本和技术密集型产品则包括余下的三大类，即第5、7和9类产品。

从表9-6中可以看出双边贸易结构的三个非常明显的特征：

（1）中国出口斯洛文尼亚的产品以劳动密集型产品和资本技术密集型产品为主，而进口则是以资本技术密集型产品为主。这一结构特征反映的是两国产品的相对比较优势，中国以劳动密集型产品为主，斯洛文尼亚则以资本技术密集型产品为主；

（2）中国和斯洛文尼亚双边贸易结构发生了较大的变化，中国出口斯洛文尼亚的商品中资本技术密集型产品占比在不断提升，表明中国产业结构在不断优化，进口斯洛文尼亚的产品中资源密集型产品的比例下降明显，其他两类结构变化不大，表明斯洛文尼亚的资源密集型产品相对比较优势在不断下降。

（3）双边贸易结构的变化主要体现在2001—2007年间，2007—2016年间变化并不明显，表明始于2008年的世界经济危机期间，双边产品相对比较优势没有明显的变化。

2.按技术含量划分的双边贸易结构

根据贸易产品的技术含量构成，货物贸易品可大致划分为三类：低技术含量产品、中等技术含量产品和高技术含量产品[①]。中国和斯洛文尼亚2001年、2007年和2016年的双边以技术含量划分的货物贸易结构可用下表9-7表示。

表9-7　2001、2007、2016年中国-斯洛文尼亚双边货物贸易结构（按技术含量划法）

年份	中国出口斯洛文尼亚产品结构			中国进口斯洛文尼亚产品结构		
	低技术含量产品	中等技术含量产品	高技术含量产品	低技术含量产品	中等技术含量产品	高技术含量产品
2001年	75.9%	15.8%	8.3%	24.5%	62.1%	13.4%
2007年	55.1%	24.6%	20.4%	15.7%	63.3%	21.1%
2016年	51.59%	23.97%	24.44%	18.7%	56.7%	24.6%

资料来源：根据联合国贸易统计数据库计算而得。

---

① 按欧央行（EBC，2005)的粗略划分，中等科技含量产品包含的产品是按国际贸易标准（SITC.REV3）分类2位码的(SITC51-59, 62, 71-74, 78, 79)；高科技含量产品为两位码中的(SITC75-77, 87, 88)；其余为低技术含量产品。

从表9-7中可以看出双边贸易结构的三个非常明显的特征：

（1）中国出口斯洛文尼亚的产品以低技术含量产品为主，而进口则是以中等技术含量产品为主。这一结构特征反映的是两国产品的相对比较优势，也说明了斯洛文尼亚产业较中国而言有较强的技术实力。

（2）中国和斯洛文尼亚双边贸易结构发生了较大的变化。中国出口斯洛文尼亚的商品中低技术含量产品比例不断下降，中等和高技术含量出口产品比例不断上升，表明中国产业的技术水平在不断提升。进口斯洛文尼亚的产品中的高科技含量产品占比在不断提升，其他两类结构则均有下降，也表明了中国产业在技术水平上不断升级。

（3）双边贸易结构的变化主要体现在2001—2007年间，2007—2016年间变化延续了这一趋势，但幅度不如之前，表明2008年世界经济危机之后，双边产业结构在比较优势上并无明显变化。

3. 按经济用途划分的双边贸易结构

根据联合国《按经济大类分类》（2002，M系列第53号，订正4）发文，贸易产品按其经济用途可大致划分为四类：消费品、中间品、资本品和广泛用途类商品[①]。中国和斯洛文尼亚2001、2007和2016年的双边以经济用途划分的货物贸易结构可用表9-8表示。

表9-8 2001、2007、2016年中国–斯洛文尼亚双边货物贸易结构（按经济用途划法）

年份	中国出口斯洛文尼亚产品结构				中国进口斯洛文尼亚产品结构			
	消费类产品	中间投入产品	资本类产品	广泛用途产品	消费类产品	中间投入产品	资本类产品	广泛用途产品
2001年	61.1%	31.4%	7.5%	0.0%	7.7%	77.1%	15.2%	0.0%
2007年	35.0%	49.1%	15.8%	0.1%	7.0%	57.9%	35.1%	0.0%
2016年	34.5%	47.2%	18.2%	0.0%	7.5%	56.2%	13.7%	22.6%

资料来源：根据联合国贸易统计数据库计算而得。

---

① 按联合国贸易统计经济大类方法（BEC），消费品包括经济大类中的BEC-112、122、522、61、62、63；中间品包括BEC-111、121、21、22、31、322、42、53；资本品包括BEC-41、521；广泛用途类商品包括BEC-321、51、7。

从表9-8中可以看出双边贸易结构具有三个非常明显的特征：

（1）中国出口斯洛文尼亚的产品以消费品和中间产品为主，而进口则是以中间产品和资本品为主。这一结构特征反映的是两国的相对国际生产分工地位，中国以消费品为主，而斯洛文尼亚则以中间品为主。

（2）中国和斯洛文尼亚双边贸易结构发生了较大的变化。中国出口斯洛文尼亚的商品中消费类产品比重下降明显，中间品和资本品占比显著增加，表明中国产业的国际分工地位在不断提升。进口斯洛文尼亚的产品中消费类占比几乎没有变化，同时中间品占比下降明显，而资本品和广泛用途类产品占比在不断提升。

（3）双边贸易结构的变化主要体现在2001—2007年间，2007—2016年间变化延续了这一趋势，但幅度不如之前，表明2008年世界经济危机之后，双边产业在国际分工的比较优势上并无明显变化。虽然在进口结构中2016年的广泛用途类产品比例增加明显，但该类产品资本品属性比较明显，因而也可以认为和2007年相比变化不大。

4. 双边产业内贸易

双边产业内贸易是与传统的双边产业间贸易相区分的一个概念，产业间贸易反映的是两国互补余缺式的贸易关系，这种贸易关系一般反映了两国要素禀赋的比较优势特征，因贸易关系不稳定而被认为是比较低级的贸易关系。双边产业内贸易，即两国同一组的产品存在同时进出口的活动，反映了两国产业的分工合作关系，两国的产业内贸易本质上是两国产业在国际产业链上分工的结果，较高的产业内贸易水平表示了两国产业在合作密切的同一产业链上。因产业内贸易比较稳定而被认为是质量较高的一种贸易关系。

产业内贸易研究的基础是产业内贸易指数的度量，即把一国（产业）的贸易活动按性质划分为产业间贸易与产业内贸易两类，产业内贸易指数度量的是产业内贸易占总贸易的百分比。然而，在目前的国际贸易研究中，度量产业内贸易程度的指标有很多，这些指标各有优劣，并无公认的一致倾向。本书选择的方法是当前中国学者最常用的G-L产业内贸易指数，采用该方法，并利用UN-comtrade数据库中SITC三位数层次上的分类数据，计算出中斯两国2001、2007和2016年的总体和主要制造业产业内贸易指数如表9-9所示。

表9-9　2001、2007、2016年中斯双边货物贸易产业内贸易水平

时期	产业内贸易水平				
	总体	SITC-5	SITC-6	SITC-7	SITC-8
2001	12.5%	17.7%	5.1%	25.6%	2.9%
2007	17.1%	5.9%	7.9%	26.9%	9.3%
2016	21.2%	9.0%	14.0%	34.1%	9.5%

资料来源：根据联合国贸易统计数据库计算而得。

注：SITC-5、6、7、8分别表示工业制成品中的化学品，轻纺产品、橡胶制品矿冶产品及其制品，机械及运输设备制品，和杂项制品四类产品。

从表9-9中可以看出，中国–斯洛文尼亚间的双边贸易产业贸易水平比较低，产业内贸易比例不足四分之一，虽然在此期间有所提高，但双边贸易依然是以互通有无、相互补充的产业间贸易为主，同时，也表明两国的生产没有密切的联系。在四类制成品中机械和运输设备制品业（SITC-7）产业内贸易水平最高，但也不足三分之一，这也进一步佐证了中斯双边贸易关系还处于传统的互通有无国际贸易阶段。不过，随着中国和斯洛文尼亚的双边经贸投资合作的增多，双边产业相互融合的不断深入，相信双边产业内贸易水平会得到不断的提升。

参考文献

[1] 高歌. 对中东欧国家发展道路的再思考. 俄罗斯东欧中亚研究，2013(03)：7-15.

[2] 胡文仲. 跨文化交际学概论. 北京：外语教学与研究出版社，1999.

[3] 吉尔特·霍夫斯泰德, 格特·扬·霍夫斯泰德. 文化与组织：心理软件的力量：2版. 李原, 孙健敏, 译. 北京：中国人民大学出版社，2010.

[4] 贾瑞霞. 中东欧国家区域经济合作转型. 北京：中国发展出版社，2013.

[5] 刘敏茹. 转型国家的政党制度变迁. 北京：中央编译出版社，2013.

[6] 刘作奎. 欧洲和"一带一路"倡议：回应与风险. 北京：中国社会科学出版社，2015.

[7] 朱晓中. 曲折的历程——中东欧卷. 上海：东方出版社，2015.

[8] 塞缪尔·亨廷顿, 劳伦斯·哈里森. 文化的重要作用——价值观如何影响人类进步. 程克雄, 译. 北京：新华出版社，2010.

[9] 尚宇红, 张琳. 中东欧十六国对外货物贸易结构. 上海：上海人民出版社，2013.

[10] 汪丽敏. 斯洛文尼亚. 北京：社会科学文献出版社，2006.

[11] 汪丽敏. 斯洛文尼亚共和国. 东欧中亚市场研究，1996(3)：62-64.

[12] 殷红, 王志远. 中东欧转型研究. 北京：经济科学出版社，2013.

[13] 周弘. 中欧关系研究报告(2014). 北京：社会科学文献出版社，

2013.

[14] 朱晓中. 中东欧转型20年. 北京：社会科学文献出版社, 2013.

[15] M J BAUN, D MAREK. The new member states and the European Union: foreign policy and Europeanization. New York: Routledge, 2013.

[16] M MINNITI, L POLUTNIK. Independent Slovenia: origins, movements, prospects. Comparative Economic Studies, 1998, 40(1): 110-112.

[17] I KOGAN, M GEBEL, C NOELKE. Europe enlarged: a handbook of education, labour and welfare regimes in Central and Eastern Europe[M]. London: Policy Press, 2008.

[18] R D HISRICH, B BUCAR, S OZTARK. A cross-cultural comparison of business ethics: cases of Russia, Slovenia, Turkey, and United States. Cross Cultural Management An International Journal, 2003, 10(1): 3-28.

[19] P B ALEXANDER. Structure of the Slovenian Economy, 1848-1963. New Orleans: Prometej, 1965.

[20] R INGLEHART, WE BAKER. Modernization, cultural change, and the persistence of traditional values. American Sociological Review, 2000, 65(1): 19-51.

[21] KOVACIC A. Global Competitiveness of Slovenian economy in the time of EU Enlargement. Ljubljana: Doctoral Dissertation, 2004.

[22] LUTHAR OTO. The land between: A history of Slovenia. Journal of Ecclesiastical History, 2010, 61(2).

[23] MATEVŽ K O S. The Anxiety of Freedom: Contemporary Slovenian Literature and the Globalising/Postmodern World. New York: Post-communism, Postmodernism, and the Global Imagination, Columbia University Press, 2009.

[24] PöRTNER R. Confessionalization and Ethnicity: The Slovenian Reformation and Counter-Reformation in the 16th and 17th Centuries. Archiv für Reformationsgeschichte - Archive for Reformation

History, 2002, 93(jg): 239-277.

[25] S KAY, Z SABIC, C BUKOWSKI. Small States in the Post-cold War World: Slovenia and NATO Enlargement. Slavic Review, 2002, 62(2): 192-376.

[26] VELIKONjA M. Ex-home: "Balkan culture" in Slovenia after 1991. The Balkans in focus: Cultural boundaries in Europe, 2002: 189-207.

[27] Westwood R I. Culture, cultural differences, and organizational behavior. Organizational behavior-Southeast Asian perspectives. HK: Longman, 2012.

[28] KIRBIŠ A, KRAJNC M T. Health of Slovenian Youth: A Comparative Analysis of 2010 and 2013 National Youth Studies [Zdravje mladih v Sloveniji: analiza empiričnih podatkov iz raziskav Mladina 2010 in Youth 2013]. Nursing and public health conference, University of Primorska, Faculty of Health Sciences, 2014.